RÉGIME DES ESCLAVES AUX COLONIES.

Imprimerie de COSSE et J. DUMAINE,
rue Christine, 2.

RÉGIME DES ESCLAVES

AUX COLONIES,

OU COMMENTAIRE DE LA LOI DU 18 JUILLET 1845,

SUIVI

Du texte et de la discussion de la Loi du 19 du même mois, qui ouvre à M. le Ministre de la Marine un crédit, pour subvenir à l'introduction de cultivateurs européens dans les colonies, à la formation d'établissements agricoles, etc.

PAR M. J.-B.-L. THINON,
Avocat à la Cour royale de Paris.

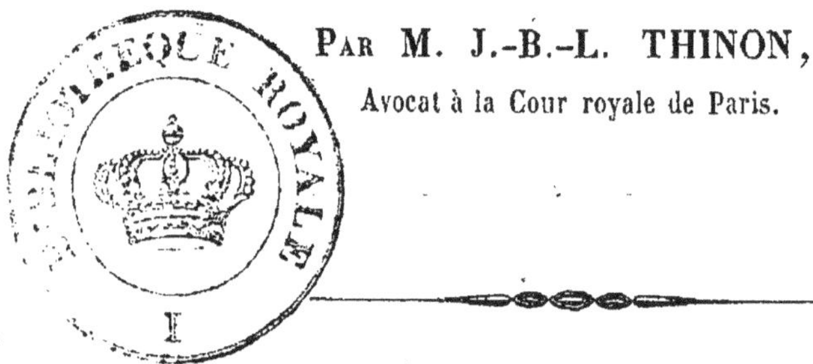

PARIS
IMPRIMERIE ET LIBRAIRIE GÉNÉRALE DE JURISPRUDENCE,
DE COSSE et N. DELAMOTTE,
PLACE DAUPHINE, 26-27.

1845.

INTRODUCTION.

Tout a été dit sur l'esclavage colonial à l'occasion de cette loi.

Il y a eu des abolitionnistes, des antiabolitionnistes et des patisans du *statu quo*.

Aujourd'hui qu'il ne peut plus y avoir d'autre parti que celui de la loi elle-même, le jurisconsulte peut se présenter; son tour est venu quand l'impartialité commence.

Elle n'a donné complétement raison à aucune opinion absolue, car si elle modifie l'état social des colonies, elle ne supprime cependant pas l'esclavage.

« Je crois que la loi sera parfaitement jugée, a dit M. Galos, commissaire du roi, si on la considère comme une loi de transaction et comme une loi de transition; loi de transaction entre des opinions extrêmes, les opinions qui ne veulent pas et les opinions qui veulent tout, loi de transition, parce qu'elle amène au but lentement, mais d'une manière sûre et ferme. » *(Mon. du* 1er *juin* 1845.*)*

« Et ce but n'est pas de faire une nouvelle constitution de l'esclavage, « mais de l'aider à finir de bien diriger son déclin et de tempérer les effets de sa chute » (Paroles de M. le comte Portalis. (*Mon. du* 9 *avril.*)

Ainsi la population nègre peut espérer la liberté; mais pour qu'elle lui arrive sans dommage pour elle et pour autrui, il faut qu'elle soit préparée à cette œuvre de réparation.

Quant aux colons ils ne doivent éprouver aucune surprise.

L'abolition de la traite, par le décret du 29 novembre 1815 et la loi du 15 juin 1818, confirmés par plusieurs autres, a ébranlé l'esclavage dans sa base.

Les vides laissés par l'excédant des décès sur les naissances ne peuvent plus être réparés, et l'élément africain ayant cessé de se renouveler, l'élément esclave a dû tendre à s'effacer.

D'un autre côté, l'abolition de l'esclavage dans les colonies anglaises a appris à la race noire qu'elle n'était pas vouée à l'esclavage de toute éternité.

L'instinct impérissable de la liberté s'est nécessairement ranimé et il a fallu entrer dans la voie des réformes. Les plus importantes ont eu lieu depuis 1830.

Une ordonnance du 12 juillet 1832 simplifie les formes des affranchissements.

Une loi du 24 avril 1833 a appelé les affranchis à l'égalité civile; et en les faisant ainsi les égaux des blancs, a effacé, ou singulièrement affaibli le prestige de la peau.

Une autre loi de la même date intitulée *Loi sur le régime législatif des colonies*, a introduit une organisation nouvelle et promis de grandes améliorations. Quelques-unes ont été réalisées. Ainsi, les affranchissements ont été encore rendus plus faciles par les ordonnances des 29 avril 1836 et 11 juin 1839.

Le recensement annuel des naissances et des décès dans le but de réprimer l'importation des esclaves de traite, a été prescrit par l'ordonnance du 4 août 1833, et organisé par celle du 11 juin 1839, pour la Martinique, la Guadeloupe et Bourbon, et par celle du 18 mars 1840 pour la Guyane française.

Une ordonnance du 5 janvier 1840 a organisé un système de protection pour les esclaves sous le nom de patronage.

Enfin une autre du 16 sept. 1841 s'est occupée du régime disciplinaire des ateliers.

Mais plus vous limitez l'esclavage, plus vous fortifiez le désir de la liberté, et il vient un temps où toute amélioration est inefficace, si elle ne découvre pas la perspective de la liberté elle-même. De là une sorte de fermentation qui poussait la société coloniale sur une pente couverte d'écueils et qui appelait la médiation de l'Etat, dont la main puissante ne veut pas relever l'esclavage, mais diriger et tempérer sa chute pour l'utilité commune.

Il nous semble que le gouvernement, tout en tenant compte des progrès de la civilisation et des droits imprescriptibles de l'humanité, s'est trouvé sous l'empire de ces nécessités, lorsqu'il a demandé à la législature, ainsi que le disait l'honorable M. Mérilhou, rapporteur, « *les moyens de* « *pourvoir à certaines exigences que présente l'état* « *social de ces pays éloignés*. (*Mon.* du 9 avril.)

Aucune inquiétude non plus ne doit agiter les propriétaires; car une loi, qui est comme l'appendice de celle-ci, a pris des précautions pour que *l'époque transitoire* dont a parlé M. le commissaire du roi, s'écoulât sans secousse. Elle ouvre au ministre un crédit qui permet d'introduire des cultivateurs européens dans les colonies et d'instituer de nouveaux ateliers de travail. Et quant à l'autre *époque* il suffit de citer ces paroles de M. le ministre de la marine: « Maintenant je rappellerai à la chambre ce qui a été déclaré ou sous-entendu dans cette discussion, par toutes les personnes qui y ont pris part, quelle que soit leur opinion privée; c'est qu'à la suite de l'application de cette loi, après un délai plus ou moins long; quand le jour de procéder à une émancipation générale sera arrivé, il est parfaitement établi dans l'esprit de chacun des membres de cette chambre, comme dans *l'esprit du gouvernement*, qu'il serait impossible d'y procéder sans une indemnité largement réglée. » (*Mon.* du 4 juin.)

Aucune loi d'ailleurs n'a été faite avec plus de soin.

Le projet du gouvernement a été présenté à la chambre des Pairs le 14 mai 1844. La commission nommée pour en faire l'examen était composée de MM. Laplagne-Barris, le vice-amiral Bergeret, le duc de Broglie, Rossi, le baron Dupin, le marquis d'Audiffret, et Merilhou, qui en a été le rapporteur. Elle a modifié ce projet dans plusieurs points, et un premier rapport à été fait à la chambre le 3 juillet suivant. De nouvelles conférences ont été ouvertes, sous l'autorisation de la chambre, entre la commission et le gouvernement, à la suite desquelles la commission et le gouvernement sont tombés d'accord sur la plupart des points qui les divisaient. (Supplément au rapport, *Mon.* du 4 mars 1845.) Le projet de la commission ainsi fondu avec celui du gouvernement est devenu la base de la discussion.

La chambre des Pairs y a consacré toutes ses séances les plus intéressantes de la session, depuis le 3 jusqu'au 12 avril, et ce projet, amendé encore en quelques points, a été adopté à la majorité de 103 voix contre 56.

A la chambre des Députés M. Jules de Lasteyrie rapporteur a exprimé, au nom de la commission le désir que les résolutions de la chambre des Pairs fussent adoptées sans amendement, afin que le projet pût être converti en loi dans le cours de la session (Rapp. du 22 mai, *Mon.* du 25) ; ce qui n'a pas empêché qu'un grand nombre d'amendements aient été présentés.

Il est vrai qu'ils ont tous été retirés ou non appuyés. Mais il serait injuste de dire que la chambre ou les auteurs des amendements se soient déterminés uniquement par le motif général du rapport ; « En ce qui me concerne, disait M. d'Haubersaert, j'ai voté et je continuerai à voter contre les amendements qui ont été proposés et déposés. — Je trouve que ces amendements ne sont pas bons, parce que les uns tendent à donner à la loi un sens trop favorable à ce que l'on appelle l'opinion abolitionniste; et les autres parce qu'ils tendent à donner à cette même loi un sens trop favorable à l'opinion antiabolitionniste. Ces amendements tendent à faire sortir la loi de la voie si heureuse dans laquelle elle nous fait entrer, et c'est par cette raison qu'en ce qui me concerne je repousse les amendements. —Je ne puis donc entendre dire, sans protestation, qu'il y a un parti pris dans la chambre de rejeter toute espèce d'amendement. Il y a seulement un parti pris de rejeter les amendements qui ne sont pas bons. » (*Mon.* du 5 juin.)

Il est vrai que le procès ayant été fait en règle à chacun de ces amendements par divers membres de la chambre, il a été prouvé qu'ils avaient les caractères que l'honorable député leur reprochait.

Après une discussion animée qui s'est prolongée du 30 *mai au 4 juin*, la chambre a adopté le projet sans amendement à la majorité de 193 *voix contre* 52. — Nous croyons ce résultat heureux. — L'unité de vue est une des principales conditions de toute bonne loi, et rien n'y est plus contraire que l'usage de ces amendements improvisés qui ont trop souvent le tort de retoucher un coin du tableau, sans tenir compte de l'ensemble. Plus d'une loi bien conçue a vu son économie troublée par ces intrusions. Cependant nous n'entendons pas dire que celle-ci soit parfaite; est-il une loi parfaite? elle aura donc comme toute loi nouvelle ses difficultés d'application. Ce n'est pas que les interpellations aient manqué et que les explications se soient fait attendre; nulle loi n'en réunit un cortége plus nombreux dans le *Moniteur*. Mais tous ces éléments sont disseminés dans de nombreuses séances, et il y a encore un certain choix à faire.

Résumer sous chaque article de la loi les discussions dont il a été l'objet devant les chambres, placer l'esprit à côté de la lettre, nous a paru un travail de quelque utilité. Le titre que nous lui donnons est un peu ambitieux par rapport à l'auteur, mais il est vrai par rapport à la loi.

A la suite de ce commentaire, nous donnons le texte de la loi de *crédit* dont nous avons parlé plus haut, avec la partie essentielle de la discussion.

Ces deux lois conçues dans un même esprit, faites pour ainsi dire en même temps, s'expliquent et se complètent l'une l'autre. Il est donc indispensable de les réunir.

RÉGIME DES ESCLAVES

AUX COLONIES,

OU COMMENTAIRE

DE LA LOI DU 18 JUILLET 1845.

LOI DU 18 JUILLET-3 AOUT 1845.

Article 1er.

Il sera statué par ordonnance du Roi :

1° Sur la nourriture et l'entretien dus par les maîtres à leurs esclaves, tant en santé qu'en maladie, et sur le remplacement de la nourriture par la concession d'un jour par semaine aux esclaves qui en feront la demande ;

2° Sur le régime disciplinaire des ateliers ;

3° Sur l'instruction religieuse et élémentaire des esclaves ;

4° Sur le mariage des personnes non libres ; sur ses conditions, ses formes et ses effets, relativement aux époux entre eux, et aux enfants en provenant.

Pour les cas de mariage entre les personnes non libres et appartenant à des maîtres différents, un décret du conseil colonial, rendu dans les formes des articles 4 et 8 de la loi du 24 avril 1833, règlera les moyens de réunir soit le mari à la femme, soit la femme au mari.

La loi du 24 avril 1833 avait étendu le domaine de l'ordonnance au delà des limites ordinaires. On avait reconnu alors que l'art. 64 de la Charte en faisant passer les colonies du régime des ordonnances dans le régime des lois avait donné aux chambres une sorte de pouvoir constituant, et qu'elles pouvaient à leur gré se réserver la plénitude des attributions législatives, les déléguer ou enfin les partager.—(*Mon.* du 14 fév. et du 5 mars 1833. Rapp. de M. Gauthier à la chambre des Pairs, et de M. le baron Dupin à la chambre des Députés.)

Mais cette fois l'art. 65 de la Charte a reçu une interprétation plus restreinte, et le projet du gouvernement édifié sur les bases de la loi de 1833 a subi quelques modifications de la part de la commission. Le gouvernement a adhéré à ces modifications par des motifs qu'on lira avec intérêt : « Votre commission, a dit M. le ministre de la marine, a été d'avis que la consécration législative devait pénétrer plus avant dans les diverses parties du système des améliorations, que cela était en même temps convenable et praticable, et elle vous a proposé, en conséquence, une série de dispositions dans lesquelles les mesures que notre projet de loi se bornait à énumérer et à poser sous une forme laconique, sont consacrées plus explicitement.

« Le gouvernement s'est trouvé en présence de ce nouveau système sans autre préoccupation que celle de savoir s'il mérite la préférence au point de vue de l'utilité, de la pratique et de la meilleure réalisation des résultats que nous nous proposons en commun. Le gage le plus sûr qu'il ait pu donner de l'esprit qui l'animait dans l'examen de cette question de compétence, c'est l'empressement qu'il a montré à se mettre en communication avec la commission. Dans les conférences qui ont eu lieu, et auxquelles a présidé un mutuel désir de conciliation, nous avons été amenés à reconnaître une chose que je suis très satisfait d'avoir à dire ici, c'est que le travail de votre commission est parvenu à résoudre en grande partie, les difficultés que nous considérions comme inhérentes à la solution législative de plusieurs questions impliquées dans notre projet de loi.—Sur le régime du travail, sur le pécule, le rachat forcé et les pénalités applicables au maître, tout ce que votre commission vous propose de mettre dans le domaine de la loi, nous semble pouvoir y rester, non-seulement sans inconvénients, mais avec tout avantage. Ce n'est pas le gouvernement qui pourrait regretter de voir des mesures si importantes, et livrées jusqu'à présent à de si vives controverses, emprunter leur autorité au concours qu'elles auront obtenu des trois pouvoirs à la fois. — Nous croyons que le régime des améliorations se recommandera d'autant mieux aux populations colonisées, qu'il leur parviendra appuyé de cette consécration solennelle et des discussions qui l'auront précédé. — La part faite par votre commission au domaine législatif ne rencontrera donc du côté du gouvernement aucune objection. » (*Mon.* du 4 avril 1845, chambre des Pairs.)

A la chambre des Députés, M. Berryer a soutenu que les objets dont s'occupe cet article, ne pouvaient être réglés que par la loi, et il a proposé dans ce sens un amendement sur le § 2, qui n'a pas été appuyé.—(*Mon.* du 3 juin.)

Nous ne partageons pas non plus ce scrupule constitutionnel; car dès le moment que les principes sont posés dans la loi elle-même, il nous semble que les règles du droit public sont respectées, et que les délégations au pouvoir exécutif ne sont plus qu'une affaire d'utilité ou de confiance qu'il ne faut pas compliquer d'une question de compétence.

La loi concède à l'esclave un jour par semaine contre l'abandon de son droit à la nourriture. Cette concession réciproque est connue et pratiquée depuis longtemps dans les colonies sous le nom de *samedi nègre.*

Cependant le Code noir de 1685 prohibait formellement par son art. 24, ce compromis sur la nourriture de l'esclave, et la prohibition a été reproduite avec une sanction pénale par le Code pénal colonial. Mais ces dispositions sont tombées en désuétude devant un usage contraire qui n'a pu être aussi persistant, que parce qu'il était fondé sur l'intérêt réciproque du maître et de l'esclave. La loi transforme cet usage en un droit facultatif pour l'esclave qui sera réglé par ordonnance.

Le projet de la commission voulait que ce remplacement fût conventionnel.

La nécessité d'en faire un droit pour l'esclave a été démontrée par M. le comte Beugnot. Elle résulte du but principal de la loi qui est le rachat forcé au moyen du pécule. (Art. 5, *infrà.*, *Mon.* du 9 avril.)

On distingue dans les colonies plusieurs catégories d'esclaves. Les esclaves ruraux, les esclaves urbains et ceux attachés au service de la personne. La loi ne faisant aucune distinction, chacun pourra profiter de sa disposition. Seulement le jour devra être nécessairement différent. C'est un point qui sera réglé par ordonnance.

La journée concédée devra être employée par l'esclave à former et augmenter son pécule qui deviendra le prix de son affranchissement. Cependant il ne peut s'agir que d'un travail libre de la contrainte du maître. A la chambre des Députés, M. Jollivet demandait que pendant cette journée le travail, bien que dans l'intérêt du nègre, fût déclaré obligatoire, mais l'amendement n'a pas été appuyé. (*Mon.* du 3 juin.)

L'échange une fois consommé sera-t-il irrévocable?

M. de Montalivet avait demandé que le gouverneur en conseil privé, décidât dans quels cas l'esclave qui avait usé de la concession pourrait y renoncer et reprendre son ancienne situation. M. le rapporteur et le gouvernement ont répondu que l'ordonnance royale à qui la loi confie l'exécution de la mesure réglerait ces cas, et l'amendement a été rejeté à une grande majorité. (*Mon.* du 10 avril.)

Nous présenterons cependant une observation. La faculté étant introduite en faveur de l'esclave, il doit en principe être admis à y renoncer même après en avoir usé, la mauvaise foi ferait seule exception : *Malitiis non est indulgendum.* Il ne s'agirait donc plus que d'une appréciation des faits et circonstances pour laquelle l'office du juge suffirait.

La concession d'ailleurs n'est pas gratuite. L'esclave abandonne son droit à la nourriture pendant sept jours pour une journée de travail dont la valeur ne s'élève pas ordinairement à plus de 1 fr. 60 centimes.

C'est donc une sorte d'expropriation forcée pour cause d'utilité publique dans laquelle les droits du propriétaire sont parfaitement respectés.

Mais il faut remarquer qu'il s'agit ici de la nourriture *stricto sensu*, je veux dire que l'entretien n'y est pas compris et reste à la charge du maître. Le projet l'exonérait de l'entretien et de la nourriture. L'amendement de M. le comte Beugnot a fait disparaître le mot entretien.

Cependant dans la discussion, lorsque inévitablement on est revenu sur ce premier paragraphe déjà voté, on a souvent réuni les mots *nourriture et entretien*. Ces inexactitudes échappées à l'improvisation ne doivent faire naître aucune équivoque.

« Le système de la commission, a dit l'honorable auteur de l'amendement, permet aux maîtres de confondre l'entretien avec la nourriture, et déclare persister pour un seul samedi, tandis que maintenant le maître concède le samedi pour la nourriture seulement, en se chargeant de l'entretien ; il sera naturel qu'un maître réponde à son esclave qui lui demandera le samedi : Oui, je t'accorde le samedi, mais je me décharge de l'obligation de te vêtir et de te soigner dans les maladies. Et, en agissant de la sorte, le maître serait dans son droit d'après les prescriptions de l'art. de la commission. » (*Mon.* du 9 avril.)

C'est donc à bon escient que le mot nourriture a seul été maintenu dans le texte.

Le régime disciplinaire des ateliers, l'instruction religieuse et élémentaire, seront l'objet de dispositions nouvelles plus sévèrement sanctionnées qu'autrefois. (Voy. art. 6-9-10 et 11, *infrà.*)

Mais la disposition grave, introductive d'un droit nouveau, est celle qui fait produire des effets civils au mariage des personnes non libres.

Cette innovation devra produire une grande amélioration morale, car rien n'est plus propre à rappeler l'homme au sentiment de sa dignité que la notion de la famille.

La liberté du choix a fait admettre le mariage entre les esclaves de maîtres différents. Mais le but du mariage serait manqué si les époux devaient rester séparés ; en conséquence, le législateur pose en principe qu'ils seront réunis, et délègue au conseil colonial le choix des moyens. (*Voy.* la loi de crédit, pag. 43.)

Comme il est souvent question de ce conseil, nous croyons devoir rappeler les principales dispositions de la loi du 24 avril 1833 qui l'a organisé.

Les décrets sont rendus sur la proposition du gouverneur. (Art. 4.)

Ils sont soumis à la sanction du roi. Néanmoins, le gouverneur aura la faculté de les déclarer provisoirement exécutoires. (Art. 8.)

Le conseil colonial est composé de trente membres dans chacune des colonies de la Martinique, de la Guadeloupe et de Bourbon, et de seize à la Guyane.

Les membres du conseil colonial sont éligibles et nommés pour cinq ans. (Art. 13.)

Est électeur, tout Français âgé de vingt-cinq ans accomplis, né dans la colonie, ou qui y sera domicilié depuis deux ans, jouissant des droits civils et politiques, payant en contributions directes sur les rôles de la colonie 300 francs à la Martinique et à la Guadeloupe, et 200 fr. à l'île de Bourbon et à la Guyane, ou justifiant qu'il possède dans la colonie des propriétés mobilières ou immobilières d'une valeur de 30,000 fr. à la Martinique et à la Guadeloupe, et de 20,000 fr. à l'île de Bourbon et à la Guyane. (Art. 20.)

Est éligible aux fonctions de membre du conseil colonial, tout électeur âgé de 30 ans accomplis, payant en contributions directes 600 fr. à la Martinique et à la Guadeloupe, et 400 fr. à l'île de Bourbon et à la Guyane, ou justifiant qu'il possède dans la colonie des propriétés mobilières et immobilières, d'une valeur de 60,000 fr. à la Martinique et à la Guadeloupe, et de 40,000 fr. à l'île de Bourbon et à la Guyane. (Art. 21.)

ARTICLE 2.

L'article 2 de l'ordonnance royale du 15 octobre 1786, pour la Guadeloupe et la Martinique, portant *qu'il sera distribué pour chaque nègre ou négresse une petite portion de l'habitation, pour être cultivée à leur profit ainsi que bon leur semblera*, est déclaré applicable aux colonies de la Guyane et de l'île Bourbon et dépendances.

Un décret du conseil colonial rendu dans les formes des articles 4 et 8 de la loi du 24 avril 1833 déterminera les exceptions que le paragraphe précédent peut recevoir.

Dans toute société à esclave on trouve le pécule établi.

Chez les Romains, même avant le christianisme, l'esclave n'était pas considéré comme une chose dans le sens absolu du mot. Sa promesse produisait des obligations naturelles pourvues d'actions par le droit honoraire, et son pécule qui pouvait consister en argent ou en immeubles *in prædiis aut pecunià*, devenait le gage des créanciers malgré le maître et quoiqu'il s'agît d'un fait personnel à l'esclave. (Inst. de Just. liv. 4. tit. 7.)

Sans doute il dut être très précaire au commencement, mais les mœurs et l'usage lui ont donné un caractère de stabilité et d'uniformité tel, qu'il est devenu comme le droit commun de l'esclavage.

Aujourd'hui, le droit du maître est limité au travail de l'esclave et le pécule partout reconnu est d'autant plus sacré qu'il est ordinairement le fruit d'un surcroît de travail sur lequel le maître n'a rien à prétendre. Aussi est-il infiniment respecté dans nos colonies.

Le pécule qui consiste dans la jouissance d'une petite portion de l'habitation à laquelle l'esclave est attaché est aussi ancien que les colonies.

L'usage de cette concession s'est maintenu dans l'île Bourbon par le seul effet d'un consentement unanime.

L'ordonnance du 1er oct. 1786 l'a consacré pour la Guadeloupe et la Martinique, et un arrêté colonial du 5 fructidor an 11 pour la Guyane française.

La loi actuelle ne fait donc que régler d'une manière uniforme et mettre en harmonie avec ses autres dispositions des faits préexistants consacrés tout à la fois, et par un long usage et par une législation très ancienne.

«Que proposons-nous? disait M. Mérilhou rapporteur. Nous vous proposons de prendre les faits, de consacrer ces faits par la loi ; rien de plus, rien de moins : et je trouve que lorsqu'il s'agit de prendre une mesure aussi grave, d'une portée aussi profonde que celle que nous soumettons à la chambre, on est bien fort lorsqu'on peut dire qu'on ne marche qu'avec des faits expérimentés par les siècles et qu'on ne fait pas autre chose que de réduire les faits en droit, au lieu de s'efforcer de changer les faits par le droit.» (*Mon.* du 9 avril.)

Ce ne serait pas exécuter la loi que d'abandonner à l'esclave un terrain stérile et épuisé, ce serait un acte de mauvaise foi. *Si un maître*, disait M. le baron Dupin, *donnait un terrain stérile, ce serait une chose abominable, mais qui ne se voit pas.*

Du reste il est bien certain que cette concession ne comprend comme autrefois que la simple jouissance.

« Il est bien entendu, a dit M. Mérilhou, que l'ordonnance de 1786 n'a pas voulu exproprier le maître de la portion de terre dont il concédera la jouissance à son esclave; celui-ci recueillera les fruits et en sera le propriétaire, mais il ne sera pas propriétaire du sol, c'est une concession précaire qui ne peut pas servir de base à la prescription ; si le maître vend son esclave, celui-ci ne conserve aucun droit au terrain ; si l'esclave meurt, il ne transmet sur ce terrain aucun droit à ses héritiers ; le maître peut incessamment déplacer cette jouissance, la transférer d'un terrain sur un autre, reprendre son terrain, l'aliéner et en changer la destination et la culture........

« Votre commission a entendu, à l'égard des concessions de terrain, maintenir ce qui est dans les quatre colonies. » (*Mon.* du 4 mars.)

Il y aura nécessairement quelques exceptions à la règle qui impose cette délivrance; car tous ceux qui ont des esclaves n'ont pas d'habitations rurales, et parmi ceux qui en ont, quelques-uns peuvent être dans l'impossibilité d'en distraire la moindre partie ; enfin il y a des esclaves qui ne pourraient en tirer aucun profit.

Ces exceptions seront réglées par le conseil colonial, mais l'esclave qui sera compris dans l'exception aura-t-il droit à des compensations ? M. Roger du Loiret, député, proposait d'ajouter à la fin de l'article : *et les compensations auxquelles ces exceptions devront donner lieu*; il a retiré son amendement. — (*Mon.* du 3 juin.)

Nous pensons que dans le silence de la loi la compensation ne peut être que conventionnelle, car elle a voulu sanctionner le principe de l'ordonnance de 1786, dont elle s'approprie les termes, et non en changer la nature.

ARTICLE 3.

La durée du travail que le maître peut exiger de l'esclave ne pourra excéder l'intervalle entre six heures du matin et six heures du soir, en séparant cet intervalle par un repos de deux heures et demie.

Un décret du conseil colonial, rendu dans les formes indiquées par l'article précédent, fixera la durée respective des deux parties du temps de travail, sans excéder le maximum ci-dessus déterminé, et pourra établir une durée moins longue de travail obligatoire, suivant l'âge ou le sexe des esclaves, leur état de santé ou de maladie, ou la nature des occupations auxquelles ils seront attachés.

Le maximum du temps de travail obligatoire pourra être augmenté de deux heures par jour, à l'époque de la récolte et de la fabrication. A l'époque des travaux continus, les heures de travail obligatoire pourront être reportées du jour dans la nuit, à la charge de ne pas excéder le maximum fixé pour chaque période de vingt-quatre heures.

Un décret du conseil colonial rendu dans les formes ci-dessus indiquées, déterminera les époques du travail extraordinaire de jour et de nuit.

L'obligation du travail extraordinaire ne s'applique, ni aux esclaves attachés au service intérieur de la maison, ni aux enfants, ni aux malades.

Un décret du conseil colonial rendu dans les formes précitées, fixera, suivant les différentes occupations de l'esclave, le minimum du salaire qui pourra être convenu entre le maître et lui pour l'emploi des heures et des jours pendant lesquels le travail n'est pas obligatoire.

« La fixation du temps de travail, a dit M. le rapporteur à la chambre des Pairs, est une des dispositions constitutives de l'état nouveau de l'esclavage. Dans l'antiquité l'esclave était complétement une chose dans toute l'étendue du mot, c'est-à-dire qu'il n'avait aucun droit de plainte aux magistrats, que le maître avait droit de vie et de mort sur lui, qu'il pouvait en user et abuser. Aujourd'hui l'esclavage n'est plus que le droit de profiter du travail de l'homme; mais en le fixant sur ces bases, il était nécessaire que la loi déterminât la durée du travail, afin qu'au delà de cette durée le travail n'étant plus obligatoire, les actes par lesquels on l'imposerait à l'esclave fussent considérés comme des actes abusifs et répréhensibles. » (*Mon.* du 9 avril.)

Le projet dispensait les femmes du travail extraordinaire.

M. le baron Dupin a demandé que cette dispense n'existât pas pour elles.

« Il serait impossible, a-t-il dit, de maintenir les ateliers, si les femmes n'y restaient pas autant que les hommes. Il en est des colonies comme de la métropole, le temps du travail doit être le même pour les deux sexes. Tout ce qu'on peut désirer, c'est que l'obligation du travail extraordinaire ne s'applique ni aux enfants ni aux malades. »

Le gouvernement a adhéré à cette proposition, et le paragraphe 5 a subi le retranchement indiqué par M. Dupin.] (*Mon.* du 9 avril.)

A la chambre des Députés, M. de Gasparin a demandé que le texte primitif fût rétabli; mais sur l'observation de M. le ministre de la marine que le gouvernement dans les projets de décrets qu'il proposerait au conseil colonial, aurait égard à cette recommandation pour le sexe le plus faible, l'amendement a été retiré. M. de Gasparin avait également demandé de prescrire, par un article additionnel, le travail à la tâche. Il a retiré son amendement sur la réponse de M. le ministre, que le gouvernement est complétement décidé à introduire ce mode de travail qui existe déjà à la Guyane avec beaucoup d'avantage.

M. de Gasparin voulait encore qu'on ajoutât après le mot *esclave*, du paragraphe 1er, le mot *valide*. Mais sur l'observation de M. Jollivet, confirmée par M. de Jubelin, commissaire du roi, que cette précaution était inutile, attendu que les colons ne font pas travailler les esclaves malades, et que d'ailleurs le projet d'ordonnance qui sera présenté aux conseils coloniaux y pourvoira, l'amendement a été retiré. Après ces divers incidents, l'article a été adopté sans autre discussion. (*Mon.* du 3 juin.)

La loi fixe elle-même le maximum de durée de travail pour les adultes, mais elle délègue entre autres pouvoirs au conseil colonial, celui de régler la durée du travail des enfants (§ 2). — C'est là une mission importante, car c'est surtout la génération nouvelle qui sera appelée à jouir des bienfaits de l'émancipation. Il faudra donc la former, non pour l'esclavage, mais pour la liberté. On ne saurait mieux faire que de s'inspirer de la loi du 24 mars 1841, relative au travail des enfants employés dans les manufactures, usines ou ateliers, véritable traité d'éducation physique et morale pour les jeunes travailleurs. On peut voir dans la collection des lois de *M. Duvergier*, t. XLI, pag. 33, les discussions pleines d'intérêt auxquelles elle a donné lieu dans les chambres législatives.

Une première assimilation entre ces deux lois, c'est que le travail de nuit ne peut être demandé aux enfants. (§ 4 et 5.)

Les veillées sont meurtrières à cet âge, non-seulement comme cause de fatigues trop grandes, mais encore comme cause ou occasion de grandes démoralisations.

Le gouvernement qui propose les décrets coloniaux fera sans doute entrer dans ses projets beaucoup d'autres imitations heureuses de cette loi, qui fut une œuvre si morale et si humaine.

ARTICLE 4.

Les personnes non libres seront propriétaires des choses mobilières quelles se trouveront posséder à titre légitime, à l'époque de la promulgation de la présente loi, ainsi que de celles qu'elles acquerront à l'avenir, à la charge par elles de justifier si elles en sont requises, de la légitimité de l'origine de ces objets, sommes ou valeurs.

La disposition qui précède ne s'applique ni aux bateaux ni aux armes : ces objets ne pourront jajamais être possédés par des personnes non libres.

Les esclaves seront habiles à recueillir toutes successions mobilières ou immobilières de toutes personnes libres ou non libres. Ils pourront également acquérir des immeubles par voie d'achat ou d'échange, disposer et recevoir par testament ou par acte entre-vifs.

En cas de décès de l'esclave, sans testament ni héritiers, enfant naturel, ni conjoint survivant, sa succession appartiendra à son maître.

Dans tous les cas, l'esclave ne pourra exercer sur les objets à lui appartenant, que les droits attribués au mineur émancipé par les art. 481, 482, 484 du Code civil.

Le maître sera de droit curateur de son esclave, à moins que le juge royal ne croie nécessaire de lui en donner un autre.

Dans le cas où des biens viendraient à échoir à des esclaves mineurs, par succession ou donation, l'administration desdits biens appartiendra au maître, à moins qu'il ne juge convenable de provoquer de la part du juge royal la nomination d'un autre administrateur.

Toutefois, le juge royal pourra toujours, s'il le croit nécessaire, nommer un autre administrateur.

Une ordonnance royale réglera le mode de conservation et d'emploi des meubles et valeurs mobilières appartenant aux esclaves mineurs.

Cet article introduit dans la condition de l'esclave un changement radical. Il attaque le principe même de l'esclavage et conduit directement à l'affranchissement que l'article suivant rend obligatoire quand l'esclave peut et veut se racheter.

Aussi M. de Larochefoucaud-Liancourt voulait qu'on rayât du texte le mot *esclave*. Mais M. de Lasteyrie a obtenu qu'il fût maintenu.

« Après la loi votée, a dit M. le rapporteur, il y aura encore des esclaves dans les colonies, il faut donc conserver le nom afin qu'on sache qu'il y a des esclaves et qu'on fasse tous ses efforts pour qu'il n'y en ait plus. » (Ch. des Députés, *Mon.* du 3 juin.)

Il faut reconnaître, en effet, que si le nègre peut se marier, être investi de l'autorité conjugale, de l'autorité paternelle, acquérir, aliéner, ce qui constitue une grande partie des droits civils, il lui reste pourtant un maître à qui il doit son travail de chaque jour. Ainsi, personne civile sous un certain point de vue, il est esclave sous un autre ; position mixte très difficile à concilier, comme on a pu le voir déjà, comme on le verra surtout en parcourant les diverses dispositions de notre article.

La loi consacre le droit de propriété de l'esclave sur son pécule mobilier actuel, et sur celui qu'il acquerra par la suite, ce qui comprend *tout effet mobilier*, à l'exception des armes et bateaux, qui, pour des raisons particulières ne pourront jamais en faire partie ; mais il sera tenu de justifier de la légitimité de la possession, s'il en est requis.

M. le comte Beugnot a demandé que cette condition, qui dérogeait inutilement à la maxime *qu'en fait de meubles, possession vaut titre*, fût retranchée du texte.

M. le rapporteur a répondu que cette précaution prise contre l'esclave, que l'envie de se racheter pourrait porter à abuser de la confiance obligée de son maître, devait être maintenue ; que d'ailleurs les magistrats seront juges des allégations respectives et sauront rendre bonne justice. (*Mon.* du 11 avril.)

A la chambre des députés M. de Gasparin a demandé le même retranchement ou du moins qu'on s'entendît bien sur le sens de ce *mot terrible de légitimité*.

« Par exemple, les dons, n'importe d'où ils viennent, sont-ils une « source légitime de propriété ? »

M. Jollivet a répondu qu'il y aurait une distinction à faire entre le pécule qui sera créé depuis la loi et le pécule actuel qui n'existe que sous le bon plaisir des maîtres, et qu'ils pourraient retenir s'ils le voulaient jusqu'au jour où cette loi sera promulguée.

M. le rapporteur a répondu à son tour : « Deux questions ont été posées, l'une par M. de Gasparin, l'autre par M. Jollivet; la première est celle de savoir si les tiers, les étrangers, si le gouvernement français, si nous, nous avons le droit d'accroître le pécule des esclaves par donations, dons ou autrement ; évidemment oui ; l'article précédent de la loi l'a déclaré, et le rapport de votre commission l'a constaté ; le droit des tiers est entier ; l'article en discussion ne s'applique qu'aux personnes non libres.

M. Jollivet a demandé s'il y aurait une différence entre le pécule antérieurement formé et le pécule qui sera formé à l'avenir, si la loi aurait un effet rétroactif.

« La loi reconnaît le droit de l'esclave au pécule ; la loi n'a pas d'effet rétroactif en maintenant à l'esclave tous les droits que l'usage lui avait précédemment accordés. Du jour où la loi sera promulguée il sera en possession de tont ce qu'il avait précédemment, et l'usage pour lui deviendra le droit. Si on voulait frustrer l'esclave soit du pécule acquis depuis la loi, soit du pécule antérieurement accumulé, il y aurait un vol évident. » (Chambre des Députés, *Mon.* du 3 juin.)

Après ces explications la disposition a été votée sans amendement.

L'exception à la règle, qu'en fait de meubles *possession vaut titre*, dérivée de la règle beaucoup plus générale du droit romain *incumbit ei probatio qui dicit, non qui negat*, reste donc formellement consacrée dans le texte. Mais il ne faut pas étendre cette exception au delà de ses limites naturelles.

Il pourra arriver qu'entre le maître et l'esclave, surtout l'esclave domestique, une difficulté se présente sur le point de savoir si tel objet mobilier est arrivé dans les mains de l'esclave à titre de pécule ou autrement. Alors le juge interviendra, et comme il n'est lié ici par aucune preuve légale, il appréciera avec toute la liberté d'un juré la nature des explications qui lui seront soumises de part et d'autre. L'esclave ne pourra pas se contenter de dire *possideo quia possideo*, il faudra qu'il explique sa possession, mais l'intervention du magistrat est une garantie suffisante contre les dangers qu'on a signalés. C'est dans cette limite où elle peut se justifier, que la dérogation au droit commun doit être renfermée. Si donc une autre personne que le maître venait prétendre qu'un objet mobilier possédé par l'esclave lui appartient, le droit commun, suivant nous, reprendrait son empire.

Il en serait de même encore en matière criminelle, la règle fondamentale qui met la preuve à la charge de celui qui accuse ne saurait être altérée par une dérogation de cette nature.

C'est ainsi que nous avons entendu les explications données par M. Galos commissaire du roi sur la rédaction de la disposition. (Ch. des Députés. *Mon.* du 3 juin.)

C'est surtout ce qu'on peut induire logiquement des termes du rapport fait par M. Merilhou.

« On a objecté, a dit M. le rapporteur, que l'établissement du pécule légal pourrait exciter l'esclave à l'augmenter par des moyens

2

illégitimes, dont la confiance forcée du maître lui rendait l'usage facile. La réponse à cette objection se trouve dans la précaution dont nous vous proposons d'entourer la création de ce pécule. Tandisque dans le droit commun, en fait de meubles, la possession vaut titre, et que la bonne foi du possesseur est toujours présumée jusqu'à preuve contraire; dans la constitution du pécule, nous mettons à la charge de l'esclave la preuve de la légitimité de l'origine des objets qui le composent. Cette différence capitale nous a paru offrir au maître des garanties suffisantes que complète et augmente encore la pénalité grave dont la loi tient la mesure suspendue sur la tête de l'esclave.

La nécessité de la preuve de la légitimité de l'origine des objets qui composent le pécule ne doit pas être entendue dans ce sens qu'une preuve écrite doive être apportée par l'esclave pour chacun des objets mobiliers dont il est possesseur. Il est évident qu'aucun genre de preuve n'est déterminé péremptoirement par la loi qui s'en rapporte à la conscience des magistrats pour l'appréciation de la nature et de la puissance des preuves qui seront produites par l'esclave. » (*Mon.* du 17 juillet 1844.)

La loi reconnaît également à l'esclave la capacité d'acquérir des immeubles, et indique les modes principaux d'acquisitions; les successions, les testaments, les donations entre-vifs, l'achat et l'échange. Entend-elle proscrire les autres modes dont parle l'article 712 du Code civil, la prescription, l'accession ou incorporation ? Il n'y a aucune raison pour admettre cette prohibition, si ce n'est le silence de la loi qui a pris la forme dangereuse des énumérations. Mais la disposition ne saurait être à ce point limitative. On pourrait même prouver la capacité de l'esclave par un argument *à fortiori* quant à la prescription; et quant à l'accession ou incorporation, l'art. 546 Cod. civ. résout la difficulté puisqu'il pose en principe que la propriété d'une chose soit mobilière soit immobilière donne droit sur tout ce qu'elle produit, *et sur ce qui s'y unit accessoirement soit naturellement soit artificiellement.* Il faut convenir cependant que la rédaction aurait pu être plus précise.

La loi ajoute que l'esclave pourra disposer par *testament et par acte entre-vifs.* Puis un peu plus loin elle veut qu'il ne puisse exercer sur les objets à lui appartenant *que les droits attribués au mineur émancipé.* Or, le mineur émancipé ne peut disposer par testament que de la moitié des biens dont il est permis au majeur de disposer, et il n'a pas le droit de disposer d'aucune partie par acte entre-vifs à titre gratuit, art. 904, Cod. civ.

Pourrait-on concilier ces textes en disant que la faculté de disposer à titre gratuit sera parfaitement libre et que les précautions seront réservées pour le cas où la disposition serait à titre onéreux ? Ce serait le renversement des idées reçues, et d'ailleurs la loi renferme textuellement tous *les cas.*

Je ne vois donc qu'une occasion où l'esclave pourra disposer par *acte entre-vifs à titre gratuit,* c'est lorsqu'il fera un contrat de mariage et qu'il voudra avantager son conjoint. Mais cela était inutile à dire, puisque l'art. 1095, *Cod. civ.* donne cette faculté même au mineur qui n'est pas émancipé.

Il y a là une antinomie évidente et bien propre à rappeler la faillibilité humaine quand on songe au mérite des jurisconsultes éminents auxquels elle est échappée.

Mais ce qui surprend surtout, c'est qu'elle n'ait pas été aperçue par les honorables membres de la chambre des Députés qui ont fait tant d'efforts inutiles pour prouver que la loi était mauvaise et devait être amendée.

La capacité de l'esclave absolue pour acquérir est donc réduite à celle du mineur émancipé pour disposer.

Le maître est le curateur légal, mais le juge peut le remplacer par un autre de son choix.

« En conférant, a dit M. Mérilhou, à cette propriété de l'esclave sur son pécule, le caractère légal qui lui manquait, nous n'avons pas méconnu que l'esclave ne saurait avoir la capacité nécessaire pour défendre ses droits et pour ester en justice à cet effet. Nous avons cru devoir l'assimiler au mineur émancipé, et conférer au maître le caractère de son curateur, à moins que le juge royal, appréciant la nécessité des circonstances, ne croie utile de lui en nommer un autre.

En ce cas, le juge royal fera lui-même cette nomination, et exercera ainsi une attribution qui appartient au conseil de famille, dans les cas ordinaires d'émancipation, d'après l'art. 479, Cod. civ. »

(Rapp., *Mon.* du 17 juillet 1844.)

On ne saurait pourtant se dissimuler que ce système de protection tournera souvent contre l'esclave lui-même.

Le mineur émancipé, proprement dit, est bien près d'être majeur, mais l'esclave pourra rester bien longtemps, quelquefois toute sa vie dans les liens de cette capacité restreinte qui ressemble beaucoup à une demi-interdiction.

L'esclave, pouvant acquérir, peut laisser des biens à son décès.

La loi applique à sa succession les règles du droit commun, d'où il suit que l'enfant naturel appelé ne peut être qu'un enfant naturel reconnu, voilà pourquoi l'amendement de M. le vicomte Dubouchage, tendant à la suppression de la disposition, n'a pas été appuyé, non plus que la proposition de M. Teste, d'ajouter après *enfant naturel*, le mot *reconnu*. (*Mon.* du 11 avril.)

Toutefois, la loi actuelle appelle le maître au lieu de l'Etat à la succession de l'esclave, à défaut d'héritier naturel ou de conjoint.

« Cette exception aux règles ordinaires des successions, a dit encore M. Mérilhou, ne peut blesser que les droits de l'Etat, mais après avoir laissé aux affections de la famille une préférence absolue, il nous a paru que le maître qui a élevé l'esclave, qui l'a souvent soigné dans ses souffrances, qui lui a facilité par sa condescendance la formation de son pécule, avait plus de droit que l'Etat à recueillir son héritage. Ainsi, pendant la vie de l'esclave, le maître sera intéressé par cette expectative à la prospérité d'une fortune qui peut devenir la sienne un jour. »

(Rapport supplémentaire, *Mon.* du 6 mars 1845.)

Les esclaves mineurs avaient été oubliés dans la première rédaction du projet, ou du moins ce projet les laissait dans le droit commun sans rien statuer à leur égard.

Ceci a été signalé comme une lacune (*Mon.* du 12 avril), et le §7 renvoyé à la commission, est revenu avec la disposition actuelle, qui nomme le maître administrateur des biens échus à son esclave mineur, sauf à lui la faculté de demander son remplacement au juge royal, et sauf aussi à ce magistrat le droit de prendre l'initiative s'il le croit nécessaire.

Cette administration ne saurait être assimilée à une tutelle. Les charges de la tutelle sont de telle nature qu'elles ne peuvent être imposées par voie d'induction.

D'ailleurs, la disposition finale indique suffisamment la différence. elle déplace les obligations en déclarant que le mode de conservation et d'emploi des effets mobiliers appartenant aux esclaves mineurs, sera réglé par une ordonnance royale.

Quant à l'administration de la personne dont il n'est pas parlé ici, il y sera nécessairement pourvu par l'ordonnance qui doit aux termes de l'art. 1er régler les effets du mariage, relativement aux *époux entre eux et aux enfants en provenant.*

ARTICLE 5.

Les personnes non libres pourront racheter leur liberté ou la liberté de leurs pères ou mères, ou autres ascendants, de leurs femmes et de leurs enfants et descendants légitimes ou naturels, sous les conditions suivantes :

Si le prix du rachat n'est pas convenu amiablement entre le maître et l'esclave, il sera fixé, pour chaque cas, par une commission composée du président de la Cour royale, d'un conseiller de la même cour, et d'un membre du conseil colonial. Ces deux membres seront désignés annuellement, au scrutin, par leurs corps respectifs. Cette commission statuera à la majorité des voix et en dernier ressort.

Le paiement du prix ainsi fixé devra toujours être réalisé avant la délivrance de l'acte d'affranchissement, qui en mentionnera la quittance, ainsi que la décision de la commission portant fixation du prix.

Une ordonnance du roi déterminera les formes des divers actes ci-dessus prescrits, ainsi que les mesures nécessaires pour la conservation des droits des tiers intéressés dans le prix de l'esclave.

Toutefois, l'esclave affranchi, soit par voie de rachat, ou autrement, sera tenu, pendant cinq années, de justifier d'un engagement de travail avec une personne de condition libre. Cet engagement devra être contracté avec un propriétaire rural, si l'affranchi, avant d'acquérir sa liberté, était attaché comme ouvrier ou laboureur à une exploitation rurale.

Cet engagement ne sera valable qu'après avoir été approuvé par la commission instituée par le paragraphe 2 du présent article.

Si, pendant la durée de cette période de cinq ans, l'affranchi refuse ou néglige le travail qui lui est imposé par le paragraphe précédent, le maître se pourvoira devant le juge de paix, qui pourra condamner l'affranchi à tels dommages-intérêts qu'il appartiendra, lesquels seront toujours recouvrés par la contrainte par corps.

En cas de crimes ou de délits envers son ancien maître, les peines prononcées contre l'affranchi ne pourront jamais être moindres du double du minimum de la peine qui serait appliquée si le crime ou délit était commis envers un autre individu.

On avait proposé l'émancipation simultanée et immédiate, moyennant indemnité ou l'émancipation par naissance.

La commission nommée par la chambre des Pairs, a adopté avec l'adhésion du gouvernement, l'émancipation progressive et individuelle par voie de rachat. Ce système intermédiaire qui a obtenu la sanction du législateur, n'aura pas l'inconvénient de désorganiser tout à coup les ateliers et de jeter une population immense dans les dangers de l'oisiveté. Il est d'ailleurs préférable, au point de vue économique, puisque l'indemnité sera fournie par l'esclave lui-même au moyen de son pécule.

Le rachat forcé, le pécule légal qui y conduit, sont donc les deux pivots sur lesquels repose toute la loi. Nous avons vu les diverses dispositions relatives au pécule, il faut parcourir maintenant celles relatives au rachat qui complètent la première et la plus importante partie de l'œuvre législative.

Voici dans quels termes M. le rapporteur a justifié le droit de rachat à la chambre des pairs.

« Il ne s'agit pas ici d'un droit nouveau, d'un droit étranger à introduire dans nos lois; il s'agit de l'application à un genre de propriété d'un droit que toutes nos lois établissent, et dont les chambres font constamment l'application. Assurément, le droit de profiter du travail d'un homme, le droit du maître d'appliquer à son intérêt personnel le travail de cet homme, ce droit qui n'est plus la propriété de la personne comme dans l'antiquité, qui n'est aujourd'hui que la propriété de son travail, ce droit n'est pas une propriété d'une valeur privilégiée, ce n'est pas une propriété à l'abri des modifications et des restrictions que toutes les propriétés reçoivent. Le droit de profiter du travail d'un homme, car c'est là la définition de l'esclavage actuel, ne peut pas être plus sacré, plus invariable que le droit de posséder un champ ou une maison; et si nous trouvons dans notre droit public, si nous trouvons à chaque pas dans nos lois, si nous trouvons à chaque session de nos chambres la consécration du droit de la société, de reprendre à son profit, dans les cas où l'utilité, la nécessité publique l'exige, une partie de la propriété privée, ce qui est vrai pour une maison, pour un champ, pourrait-il être faux quand il s'agit du droit de profiter du travail d'un individu?

«Le Code civil a consacré le droit d'expropriation au profit de l'Etat, moyennant une juste et préalable indemnité. La Charte porte, art. 9 : « L'Etat peut exiger le sacrifice d'une propriété pour cause d'intérêt public légalement constaté, mais avec une indemnité préalable. »

« De quoi s'agit-il aujourd'hui? l'Etat peut dire, en vertu de la plénitude de sa souveraineté, de cette souveraineté qui domine, qui absorbe tous les droits des propriétés particulières, devant laquelle les droits particuliers de propriété s'abaissent et se taisent, l'Etat peut dire : Je veux votre champ pour y faire passer une route. Je veux la valeur de l'homme dont vous avez le droit d'exploiter le travail.

Que peut répondre le propriétaire du champ, ou le propriétaire qui a le droit d'exploiter le travail de cet homme? L'intérêt public l'exige-t il? Oui, les chambres l'ont déclaré. L'indemnité préalable me sera-t-elle payée? Oui, nous allons organiser les moyens. Il ne reste donc plus de prétexte pour différer l'accomplissement d'une mesure que l'Etat aura reconnue utile, nécessaire à l'intérêt général. L'indemnité est là, elle est offerte, elle est déposée; donc la satisfaction est complète pour le propriétaire.

Le propriétaire peut dire encore : mais prenez-y garde, en m'expropriant du droit que les lois me garantissent, de profiter du travail de cet homme, vous allez jeter le trouble dans mes ateliers, vous allez disperser mes travailleurs; c'est alors que le législateur répond : Voici un ensemble de dispositions par lesquelles la fixation juste et équitable de l'indemnité et le paiement préalable vous sont assurés, par lesquelles on garantit le surplus de vos ateliers d'un contact qui pourrait être dangereux. Au lieu d'une émancipation collective, absolue, générale comme celle pratiquée par l'Angleterre, vous aurez une mesure exempte des dangers de mesures générales; une mesure lente et progressive. Cette mesure aura ce double effet d'être une récompense pour les hommes qui se sont montrés dignes de la liberté par leur travail et leur économie, et capables d'en user à leur avantage et pour le bien public; ce ne sera pas un présent funeste qu'ils recevront de l'Etat.

Dans une telle circonstance peut-on refuser le rachat ? Je ne le crois pas; mais voici d'autres raisons qui ont décidé la commission.

L'esclave a le droit naturel d'obtenir sa liberté. Le maître a le droit civil d'exiger la conservation du travail de l'esclave; mais cette conservation se résout en une indemnité, elle est donc susceptible d'extinction; il ne s'agit plus que d'organiser une indemnité régulière, sincère et équitable.

On a dit que la mesure était une mesure injuste en ce qu'elle privait le maître d'une partie de sa propriété.

C'est vrai, mais c'est le procès de la Charte. La mesure qui prive le propriétaire d'une partie de son champ est injuste aussi; j'en souffre certainement, mais l'Etat fait cesser ma souffrance par une estimation régulière et une indemnité préalable.

Il y a un conflit entre le droit naturel de l'esclave d'obtenir sa liberté et le droit civil du maître, de conserver la disposition du travail de cet esclave. Quel est le moyen de lever ce conflit? C'est l'attribution d'une indemnité préalable. Ainsi, toute la question est de savoir, si les moyens d'arriver à une indemnité juste et suffisante correspondent à leur but. S'ils correspondent à leur but, la résistance du maître n'a plus de motifs légitimes. » (*Mon.* du 9 avril).

La loi accorde donc à l'esclave le droit de se racheter. Elle lui accorde, en outre, le droit de racheter sa femme, ses ascendants et descendants.

M. le baron Edmond de Bussière avait proposé d'étendre la disposition aux frères et sœurs.

M. Mérilhou a combattu cet amendement au nom de la commission.

« Je suis chargé, a dit M. le rapporteur, de résister à l'amendement qui vient d'être proposé par M. de Bussière.

Les motifs de cet amendement sont parfaitement saisis par la chambre, c'est de faciliter, d'élargir, la possibilité de racheter autrui. La commission a pensé que c'était assez que d'étendre le droit de rachat dans toute la ligne directe, ascendante et descendante; mais elle n'a pas pensé qu'on pût sans inconvénient l'étendre à la ligne collatérale.

Ainsi, si vous l'étendiez aux frères, vous trouveriez de très bonnes raisons pour l'étendre aux neveux et aux oncles. Les raisons sont absolument les mêmes.

Nous avons pensé qu'il n'y avait pas lieu d'adopter cet amendement, parce que ce serait trop étendre la mesure que nous croyons juste, que nous croyons suffisante, la faculté de racheter autrui. »

L'amendement a été rejeté. (*Mon.* du 12 avril.)

Il faut convenir cependant que la limitation n'est que dans les termes. L'article qui précède reconnaît à l'esclave la capacité de recevoir même des étrangers. Dès lors, l'affranchi pourra très légitimement donner à son parent une somme d'argent que celui-ci emploiera à racheter sa liberté. Une prohibition qui peut être ainsi éludée n'empêche rien, et de plus diminue le respect dû à la loi, en faisant naître le désir d'une violation facile. Mieux eût donc valu, suivant nous, reconnaître au parent le droit de racheter son parent à quelque degré qu'il fût, que d'établir une limitation qui n'a rien de sérieux.

L'art. 47 du Code noir qui pose le principe de la non-séparation de la famille serait-il applicable au rachat forcé.

Cet article est ainsi conçu :

« Ne pourront être saisis et vendus séparément, le mari et la femme et leurs enfants impubères, s'ils sont tous sous la puissance du même maître : déclarons nulles les saisies et ventes qui en seront faites ; ce que nous voulons avoir lieu dans les aliénations volontaires, sur peine contre les aliénateurs, d'être privés de celui ou de ceux qu'ils auront gardés, qui seront adjugés aux acquéreurs, sans qu'ils soient tenus de faire aucun supplément de prix. »

Ainsi, que l'aliénation soit forcée ou volontaire, le mari ne peut être séparé de la femme, la mère de ses enfants impubères. C'est là vraiment la consécration d'une loi divine par le droit positif, *quod Deus conjunxit, homo non separet.*

La question s'est présentée de savoir si la disposition est applicable au cas du don de la liberté. Dans l'espèce, la liberté avait été léguée à une femme esclave, mère de plusieurs enfants impubères, la mère soutenait que l'affranchissement devait s'étendre à ses enfants, et les héritiers du maître voulaient les retenir comme esclaves.

Le tribunal de la Pointe-à-Pitre a jugé dans le sens des héritiers, et son jugement a été confirmé par la Cour royale de la Guadeloupe, le 5 juillet 1838. Mais la Cour suprême a cassé l'arrêt de la Cour royale de la Guadeloupe, et renvoyé la cause devant la Cour royale de Bordeaux, qui a jugé comme la Cour royale de la Pointe-à-Pitre. Alors, sur un nouveau pourvoi, la question a été portée devant les sections réunies de la Cour de cassation, et jugée de nouveau dans le sens favorable à la liberté. (Cass. 22 nov. 1844. D. 44.1.37.)

La chambre des députés a agité la question au cas de rachat. M. Pascalis a reconnu que cette jurisprudence est fondée ; mais elle ne doit pas, suivant lui, s'étendre au rachat forcé.

« Quelle que soit, a dit l'honorable membre, la faveur accordée à la liberté, je pencherais à croire qu'il faut se prononcer dans le cas de rachat forcé, autrement que dans le cas de l'affranchissement.

L'affranchissement, en effet, est spontané ; le maître donne la liberté à son esclave parce que cela lui plaît ; le maître devait prévoir les conséquences de son acte, il devait savoir que l'affranchissement de la mère entraînait de plein droit et par la nature des choses, l'affranchissement de l'enfant trop jeune encore pour être privé des soins de sa mère.

Mais le rachat, c'est l'affranchissement imposé au maître; il n'a pu rien prévoir des conséquences d'un fait qu'il n'a pas été en son pouvoir de dominer ou d'empêcher. Ici, je ne pense pas que doive s'étendre, quelque sacré qu'il soit, le principe de la non-séparation. »

Nous pensons avec M. Odilon-Barrot, qui, dans sa réponse a obtenu l'assentiment général de la chambre, que la jurisprudence de la Cour de cassation, fondée sur une loi positive qui prévoit tous les cas d'aliénations, s'appliquera au rachat forcé, qui est un contrat à titre onéreux, bien plus incontestablement encore qu'à l'affranchissement spontané qui est un sacrifice que le maître s'impose, et dont, à la rigueur, on ne peut étendre la conséquence par voie d'interprétation.

Mais les observations de l'honorable M. Pascalis, en ce qui concerne l'intérêt du maître, n'en sont pas moins très fondées à notre avis. Nous ne repoussons que la conclusion qu'il en tire, qui est de restreindre le principe de la non-séparation. Nul doute, en effet, que le maître doive être indemnisé en proportion de la perte qu'il subira ; mais l'institution d'une commission chargée d'estimer, pour chaque cas, le prix du rachat, s'il n'est pas convenu amiablement, ne répond-elle pas à toutes les objections ?

Cette commission, qui a quelque analogie avec le jury d'expropriation forcée, est composée du président de la Cour royale, d'un conseiller de la même cour, et d'un membre du conseil colonial. Elle statue en dernier ressort et à la majorité des voix. Chaque année les deux membres adjoints au président sont tirés au sort.

L'indemnité ainsi fixée sera payée d'avance, mais une ordonnance royale prendra les mesures nécessaires pour la conservation des droits des tiers, et déterminera en même temps la forme des actes constatant l'affranchissement, le paiement de ce prix et la décision qui l'aura fixé.

En même temps qu'elle favorise l'affranchissement, la loi impose à l'affranchi une obligation nouvelle, c'est de s'engager pour cinq ans au service d'une personne libre, et spécialement d'un propriétaire rural, si avant d'acquérir la liberté, l'affranchi était attaché comme ouvrier ou laboureur à une exploitation rurale.

« Jusqu'à présent, a dit M. le rapporteur à la chambre des députés, le nègre avait considéré la liberté comme un état d'oisiveté, comme un droit de ne pas travailler; vous associez l'idée du travail et de la liberté ; vous montrez que la liberté n'est pas un état d'oisiveté, mais un état rude, aussi rude que l'esclavage, plus rude peut-être; mais que l'un est glorieux, tandis que l'autre avilit. » (*Mon.* du 1er juin.)

Le projet portait que les cinq années de travail après l'affranchissement, seraient passées au service de l'ancien maître.

M. le comte Beugnot a proposé de décider que l'affranchi aurait le droit de choisir son nouveau maître, pourvu qu'il fût de la classe des propriétaires ruraux, s'il s'agissait d'un ouvrier rural.

M. Laplagne-Barris proposait de maintenir comme règle la disposition de la commission, et d'ajouter comme exception que le juge royal pourrait décider si l'affranchi doit être autorisé à s'engager au service d'une autre personne que son maître pendant cette période de cinq ans. « Sans cette précaution, disait M. Laplagne-Barris, l'affranchi pourra au moyen d'un engagement fictif contracté avec un prétendu propriétaire, éluder les prescriptions de la loi qui veut empêcher la désorganisation du travail. »

La discussion a été vive et animée ; M. le ministre des affaires étrangères lui-même y a pris part (1) et a combattu ainsi la proposition de M. Laplagne-Barris.

« J'ai de très courtes observations, je dirai presque des doutes à

(1) M. Guizot.

soumettre à la chambre, sur la valeur de l'amendement de M. Laplagne-Barris et sur ses effets.

Je prie la chambre de se rendre bien compte de la situation dans laquelle vont se trouver placés le maître et l'affranchi.

Quel est le nœud, le nerf de la loi que la chambre discute en ce moment? C'est le rachat forcé; la loi est faite pour donner vigueur et efficacité au rachat. Elle établit la formation du pécule, puis l'administration libre, dans une certaine mesure, du pécule, puis enfin le rachat forcé à la suite de la formation et de l'administration du pécule.

Et maintenant, voilà le rachat accompli, voilà l'esclave affranchi, et au même moment où vous prononcez son affranchissement, vous lui dites : Tu ne changeras pas de maître. Non-seulement vous lui imposez très sagement la nécessité du travail pendant cinq ans; mais vous lui imposez la nécessité du même travail, dans le même atelier, sous la même loi.

Comment voulez-vous que l'esclave comprenne qu'il y a pour lui affranchissement, qu'il y a pour lui changement réel et sérieux de condition?

Votre loi ainsi modifiée énerve, détruit, annulle ce qu'elle veut faire.... (Non, non! oui, oui! — Interruption.) Messieurs, nous discutons; il est tout naturel que les uns disent oui, que les autres disent non; mais permettez que la discussion continue.

Que voulez-vous faire? Non-seulement vous voulez établir le rachat forcé, mais vous voulez l'encourager. Pourquoi? Parce que c'est un bon mode d'émancipation, parce que ce mode d'émancipation long, successif, a en lui-même un grand mérite s'il était possible, ce que je ne crois pas, d'arriver à l'émancipation totale des esclaves par la voie du pécule et du rachat forcé, ce serait sans aucun doute un excellent mode d'émancipation. Il vous dispenserait de toute intervention fâcheuse et onéreuse de la part de l'Etat. Vous avez donc un grand intérêt, non-seulement à autoriser, à instituer par la loi le rachat forcé, mais à l'encourager. Eh bien, par l'amendement dont il s'agit, vous enlevez au rachat forcé son principal encouragement, vous ajournez à cinq ans après l'affranchissement de l'esclave, le changement réel de ses rapports avec le maître duquel il vient de se racheter.

Je crains, Messieurs, qu'il n'y ait ici une imitation, permettez-moi le mot, une imitation mal habile de ce qui s'est passé dans les colonies anglaises. Dans le mode d'émancipation adopté pour les colonies anglaises, on a aussi, pour ne pas laisser périr le travail colonial, imposé aux affranchis, un apprentissage d'un certain nombre d'années. Vous voulez faire quelque chose de semblable; vous voulez que l'affranchi ne passe pas tout à coup à la condition de la pleine liberté; vous voulez vous assurer qu'il travaillera pendant un certain nombre d'années; c'est là l'idée qui a présidé à l'émancipation dans les colonies anglaises. Mais prenez garde à la différence de procéder et des situations. L'émancipation dans les colonies anglaises a été prononcée en masse, pour tous les esclaves; ce n'a pas été un affranchissement individuel, acheté par l'esclave lui-même; elle a de plus été prononcée par l'Etat, et non achetée par les esclaves eux-mêmes; c'est l'Etat qui les a rachetés et affranchis. Enfin, l'apprentissage a précédé l'affranchissement. L'esclave, avant d'être libre, a commencé par être apprenti; il n'était pas affranchi, il n'était pas libre dans les années d'apprentissage que lui imposait l'émancipation anglaise. Vous, au contraire, vous établissez l'apprentissage après l'affranchissement, vous commencez par prononcer l'affranchissement, vous dites à l'esclave : Tu es libre. Non-seulement tu es libre, mais c'est toi qui as acheté ta liberté, qui t'es rendu libre par ton travail et ta bonne conduite, et, après avoir proclamé que tu t'es rendu libre par ton travail et ta bonne conduite, que tu as payé le prix de ta liberté, nous te reprenons par notre loi, et non-seulement pour te faire travailler pendant cinq ans, ce qui est raisonnable, mais pour te faire travailler chez le même maître, dans la même situation.

On ne peut donc, Messieurs, tirer aucune autorité de ce qui s'est passé dans l'émancipation des colonies anglaises : les situations sont différentes, les modes d'émancipation n'ont aucun rapport.

N'oubliez jamais, Messieurs, les mots dont vous vous servez à chaque instant dans cette discussion, les mots RACHAT FORCÉ ! s'il s'agissait d'un rachat volontaire, traité de gré à gré, on comprendrait la proposition de votre commission; mais, dans la plupart des cas, nous le disons nous-mêmes à tout moment, le rachat sera fait malgré le maître. Je ne veux point entretenir de sentiments fâcheux entre le maître et l'esclave, mais il n'y a pas moyen d'échapper à la réalité des choses. Le projet de loi veut que l'esclave puisse, par son travail et sa bonne conduite, se racheter sans le consentement du maître. C'est ce qui arrivera dans un grand nombre de cas; et c'est après ce rachat forcé, après cette espèce de divorce entre le maître et l'esclave, que vous l'obligerez à vivre pendant cinq ans à peu près dans la même position où il était auparavant.

Vous énervez ainsi la loi que vous rendez. S'il était absolument impossible de résoudre les difficultés de cette situation, peut-être faudrait-il se résigner. Il ne m'appartient pas de proposer dans cette chambre un amendement; mais je vous prie, Messieurs, de réfléchir un instant sur une hypothèse; voilà l'esclave affranchi par le rachat forcé; ne lui contestez pas la liberté de changer de maître; mais imposez-lui l'obligation, s'il veut quitter son maître, d'abord, de contracter un engagement avec un autre propriétaire rural, puis de faire approuver, sanctionner cet engagement, soit par la commission chargée de fixer le prix du rachat, soit par le juge royal.

Si cet engagement était un acte qui ne fût pas sérieux, contracté avec un homme qui ne fût pas un véritable propriétaire rural, la commission ou le juge royal dirait à l'esclave: retournez chez votre maître, travaillez-y jusqu'à ce que vous produisiez un véritable engagement de travail de cinq ans avec un propriétaire sérieux. Il ne m'appartient nullement, je le répète, de proposer un tel amendement; c'est une simple indication que je me permets. Mais j'appelle, Messieurs, toute votre attention sur ce point : La chambre, le gouvernement, la commission veulent faire une chose sérieuse et sincère.

La chambre a adopté le principe du rachat forcé comme trait fondamental de la loi; elle ne veut certainement pas annuler ce principe au moment où elle l'adopte. Je comprends les difficultés qui ont préoccupé la commission et l'honorable M. Laplagne-Barris; mais il y a moyen de résoudre ces difficultés, en respectant plus que ne le fait l'amendement, la nouvelle condition de l'affranchi et la liberté qu'il vient d'acheter.

C'est par ce motif que nous repoussons l'amendement, sauf à rechercher une combinaison plus heureuse et qui atteigne mieux le but de la loi.» (Vif mouvement d'approbation. *Mon.* du 4 avril.)

La combinaison indiquée par M. le ministre des affaires étrangères a été formulée dans un sous-amendement de M. Hippolyte Passi. L'honorable pair a proposé de conserver la rédaction de M. le comte Beugnot et d'y ajouter : « *Cet engagement ne sera valable qu'après avoir été approuvé par la commission instituée par le paragraphe 2 du présent article.* »

Après une double épreuve, l'amendement et le sous-amendement ont été adoptés et sont devenus le texte définitif du § 5 de notre article. (*Mon., ibid.*)

Cet engagement est un véritable contrat de louage, car l'esclave affranchi est devenu un OUVRIER ORDINAIRE, capable de contracter et de louer ses services à temps.

L'obligation de faire qui en résulte, se résoudra donc en dommages-intérêts suivant le droit commun.

Le législateur indique ici la juridiction du juge de paix, par analogie avec les dispositions de la loi du 25 mai 1838, qui soumet à ce magistrat la connaissance des contestations entre les maîtres et les domestiques, ou gens de service à gage. Mais il accorde la contrainte par corps pour le recouvrement des dommages-intérêts, quel qu'en soit le chiffre; moyen de coercition peu connue dans les engagements civils, et qui cependant est justifié ici par une situation tout exceptionnelle.

Telle est la sanction sévère de la loi. Mais cette sévérité même en indique la limite.

Ainsi le maître de l'ESCLAVE AFFRANCHI ne pourrait sans délit lui appliquer le régime disciplinaire. Personne, non plus, ne pourrait prétendre que le défaut d'exécution de l'engagement résout l'affranchissement et fait renaître l'esclavage.

« Veut-on, a dit M. Laplagne-Barris, faire une clause résolutoire du non-accomplissement de la loi, et dire à l'affranchi : « Vous n'avez pas accompli votre traité pendant cinq ans; par conséquent, nous vous remettons dans l'esclavage? Non, une sanction aussi étendue, aussi contraire à l'intérêt sacré de la liberté, serait repoussée par la chambre tout entière; il ne faut donc pas en parler.» (*Mon.* du 12 avril.)

L'article termine par une disposition pénale qui punit l'affranchi coupable envers son ancien maître, d'un crime ou d'un délit du double du minimum de la peine qui serait appliquée si le crime ou délit était commis envers une autre personne.

Bien que les anciens maîtres ne puissent prétendre des affranchis aucun service, et qu'ils aient perdu toute espèce de droit sur leurs personnes, il faut reconnaître cependant qu'ils ne peuvent être considérés comme ayant été toujours étrangers les uns aux autres. Si le patronage légal est aboli, on ne saurait contester l'utilité de conserver encore quelques-unes de ses conséquences.

Cette disposition rappellera à l'ancien esclave le respect qu'il doit à son maître dont les bienfaits auront souvent contribué à son émancipation, ou protégera celui-ci contre les ressentiments que sa puissance passée aurait pu faire naître dans le cœur de l'affranchi.

M. Roger du Loiret avait proposé un article intermédiaire entre l'article 5 et l'article 6, ainsi conçu.

« *Tous les esclaves appartenant au gouvernement ou à des établissements publics, à quelque titre que ce soit, sont déclarés libres.*

Toutefois, ceux de ces affranchis qui seraient encore mineurs resteront à la disposition du gouvernement jusqu'à leur majorité.

Les uns et les autres, dans les trois mois de leur libération, pourront être transférés d'une colonie dans une autre. »

M. le ministre de la marine a répondu :

« Je suis autorisé à déclarer à la chambre, ainsi que j'ai déjà eu l'honneur de le dire à la commission, que le gouvernement du roi est décidé à prendre les mesures nécessaires pour que tous les noirs qui appartiennent dans ce moment au domaine dans les colonies, soient complétement émancipés dans un espace de temps qui ne pourra pas excéder cinq années. »

Répondant ensuite à M. Jollivet qui avait développé l'opinion que les habitations domaniales étaient, aux termes des ordonnances, la propriété des colonies ainsi que les noirs qui y sont attachés, M. le ministre a continué en ces termes :

« Le gouvernement s'est occupé, avec toute l'attention et le scrupule que doit lui inspirer un pareil sujet, de la question que l'honorable député vient de traiter à la tribune. Le cabinet a délibéré à plusieurs reprises sur cette question ; il l'a examinée sous toutes ses faces ; il a pris les ordres du roi, et c'est après avoir reçu les ordres du roi que j'ai été autorisé à faire à la chambre la déclaration qu'elle a entendue au début de cette séance.

Il me reste à prouver à la chambre que la décision prise par le gouvernement ne l'a été qu'après le plus mûr examen.

En 1825, on ne connaissait dans les colonies que le domaine du roi ; les noirs de ce domaine étaient les noirs du roi ; il n'y avait pas d'autre appellation en 1825. Quand le département de la marine s'est occupé de reviser le régime financier des colonies ; quand il a établi dans les budgets des colonies une séparation tranchée entre les dépenses destinées à subvenir à certains objets d'intérêt local, et les dépenses relatives à des services qui devaient rester à la charge de la métropole, le département de la marine a compris que par cela même que certaines dépenses étaient mises à la charge des colonies, et d'autres à la charge de la métropole, il était juste d'attribuer aux colonies certains revenus pour supporter ces dépenses.

Eh bien, au nombre des dépenses qui, à cette époque et par suite des dispositions de l'ordonnance que l'honorable député citait tout à l'heure, ont été attribuées aux colonies, figuraient les revenus des habitations domaniales.

Ainsi depuis 1825, c'est afin de parer aux dépenses intérieures des colonies, que les revenus des habitations domaniales ont été abandonnés aux colonies.

L'honorable député voudrait-il dire que ce n'est pas seulement le revenu des habitations qui a été abandonné aux colonies, mais que c'est la valeur de l'habitation tout entière, que ce sont les noirs qui ont été remis en toute propriété aux colonies ?

Eh bien, sur ce point, le gouvernement du roi a estimé, a reconnu que l'ordonnance royale de 1825 avait excédé ses pouvoirs. (Mouvement.)

L'ordonnance royale de 1825 avait, ainsi que le disait l'honorable député tout à l'heure, et c'était à ce dessein qu'il qualifiait cette ordonnance, d'ordonnance législative, cette ordonnance faite avant 1830, à la date de 1826, avait toute autorité alors pour pourvoir aux choses des colonies et dans les colonies; mais l'ordonnance de 1825 était impuissante quand il s'agissait de disposer du domaine de l'Etat, d'un domaine qui appartient à l'Etat. (Assentiment.)

Ainsi, en 1825, le département de la marine et des colonies a fait une chose parfaitement équitable, lorsque faisant aux colonies le partage des dépenses qu'elles avaient à supporter, il leur a dit, à l'occasion de ces dépenses : « Nous vous abandonnons tel ou tel revenu ! » Mais, évidemment, si on pouvait faire affectation de tels revenus, si on pouvait les abandonner pendant un temps, l'ordonnance de 1825 était sans autorité, sans pouvoir pour disposer du domaine de l'Etat. (Nouvelle approbation.)

Maintenant, le département de la marine et des colonies, mû toujours par les mêmes sentiments d'équité et de bon vouloir à l'égard des colonies, n'a pas songé un seul instant à les priver des revenus des habitations et des noirs dits de domaine, sans exposer aussitôt et dans les conseils du roi, et dans ses rapports avec la commission, que ces revenus ne pouvaient être retirés aux colonies, qu'à la condition de faire compensation au budget des colonies d'allocations exactement pareilles aux revenus dont elles seraient privées.

M. le ministre termine en disant que le gouvernement s'adresserait aux chambres, lorsque le temps serait venu de prendre les mesures annoncées. » (Très bien, très bien). (*Mon.* du 5 juin.)

Après ces explications, M. Roger (du Loiret) a retiré son amendement.

ARTICLE 6.

Sera puni d'une amende de cent un francs à trois cents francs tout propriétaire qui empêcherait son esclave de recevoir l'instruction religieuse ou de remplir les devoirs de la religion.

En cas de récidive, le maximum sera toujours prononcé.

L'instruction religieuse est un puissant moyen de moralisation; son influence peut avoir les plus heureux effets si elle est dirigée vers le but de la loi, qui est de préparer les nègres à la liberté.

Ce n'est pas la première fois que le législateur s'en occupe; le Code pénal de chaque colonie (*Voy.* p. 33), prononce une amende de 11 fr. à 60 fr. contre les maîtres qui, après trois avertissements successifs de l'autorité, négligeraient de faire instruire dans la religion chrétienne ceux de leurs esclaves qui ne professeraient aucune religion reconnue. La loi actuelle est plus sévère, elle élève l'amende au-dessus de la compétence du tribunal de simple police, qui dans les colonies est de 5 fr. à 100 fr. D'où il suit, que l'infraction transformée en délit devra être jugée par la juridiction correctionnelle exercée par les cours royales aux termes des lois coloniales. Voici en quels termes M. Mérilhou a justifié cette innovation ainsi que celle des art. 7 et 8 qui suivent :

« Il nous a paru qu'une peine pécuniaire, destinée à punir des faits qui ne peuvent être commis que par des individus vivant dans l'aisance, devait, pour être efficace, être assez élevée.

La répression émanant d'une Cour royale aura plus de retentissement et plus de garanties d'indépendance que celle qui pourrait résulter d'un jugement de simple police. Ces peines tireront surtout leur force répressive de la crainte de l'opinion publique. D'un autre côté, des faits de ce genre considérés dans leur nature, paraissent en général d'une gravité qui dépasse les limites ordinaires de la juridiction de simple police. » (Rapport, *Mon.* du 17 juillet 1844.)

Mais ces changements de juridiction sont, à vrai dire, la seule innovation importante : car, l'art. 463 du Code pénal sur les circonstances atténuantes étant déclaré applicable aux colonies, comme nous le verrons à l'art. 13, le juge aura toute latitude pour le choix de la pénalité.

Au lieu des mots, *ou de remplir les devoirs de la religion*, le projet portait : *ou de se livrer aux exercices du culte.*

Le changement de rédaction a eu lieu sur la proposition de M. le comte Tascher, qui a voulu prévenir la possibilité d'un abus. « La prière, a dit l'honorable pair, est un exercice du culte, et s'il plaisait à un esclave de prier du matin au soir comme un carmélite, il s'ensuivrait donc que le maître qui voudrait l'empêcher serait passible d'amende. »

Ainsi l'obligation imposée au maître est sévèrement sanctionnée, mais ce serait méconnaître le texte et l'esprit de la loi, que de l'étendre au gré de caprices plus ou moins dévotieux.

ARTICLE 7.

Tout propriétaire qui ferait travailler son esclave les jours de dimanches et de fêtes reconnues par la loi, ou qui le ferait travailler un plus grand nombre d'heures que le maximum fixé par l'art. 3, ou à des heures différentes de celles prescrites

conformément audit art. 3, sera puni d'une amende de quinze francs à cent francs.

En cas de récidive, l'amende sera portée au double.

Le présent article n'est pas applicable aux travaux nécessités par des cas urgents qui seraient reconnus tels par les maires.

Le repos pendant les jours feriés, consacré chez tous les peuples, soit par les lois, soit par les mœurs, est fondé sur la nécessité de ménager les forces humaines, et en même temps de réserver plus spécialement certains jours à l'accomplissement des pratiques et des instructions religieuses. Ces deux idées, quoique d'un ordre différent se réunissent surtout ici, où il s'agit du travail et de l'instruction religieuse des esclaves, pour justifier la mesure qui ne permet pas de les faire travailler les dimanches et jours de fêtes légales.

L'art. 6 du Code noir défendait déjà aux maîtres de faire travailler leurs esclaves les dimanches et fêtes, *sous peine d'amende et de punition arbitraire,* ce qui équivaut aujourd'hui, à un défaut absolu de sanction. Notre article punit aussi l'infraction d'une pénalité pécuniaire, mais dans des termes qui la rendent applicable et efficace.

La même pénalité atteindra le maître qui dans le cours de la semaine exigerait un travail trop long, les cas d'urgence exceptés.

M. le comte Beugnot avait demandé la suppression de cette disposition exceptionnelle. Suivant l'honorable pair, il fallait s'en tenir aux deux catégories de travail imposées à l'esclave par l'art. 3, le travail obligatoire qui est de neuf heures et demie par jour; ensuite, le travail extraordinaire qui est de deux heures dans la saison de la récolte et de la fabrication. Une troisième catégorie pour cas urgents déterminés par les maires pourrait maintenir l'usage de la *corvée* qui est un travail du dimanche.

M. le baron Dupin a répondu que les cas urgents étaient des cas exceptionnels, par exemple, les inondations, les ouragans qui trop souvent ravagent les colonies. « Mais un travail qualifié mal à propos d'urgence, et qui durerait des mois et des années, serait l'état habituel des choses, et tout à fait en dehors de notre prescription. » (*Mon.* du 13 avril.)

Après ces explications, le paragraphe a été maintenu; mais on ne saurait se méprendre maintenant sur sa véritable portée.

ARTICLE 8.

Sera puni d'une amende de cent un francs à trois cents francs tout propriétaire qui ne fournirait pas à ses esclaves les rations de vivres et les vêtements déterminés, par les règlements, ou qui ne pourvoirait pas suffisamment à la nourriture, entretien et soulagement de ses esclaves, infirmes par vieillesse, maladie ou autrement, soit que la maladie soit incurable ou non.

En cas de récidive, il y aura lieu de plus à un emprisonnement de seize jours à un mois.

L'art. 22 du Code noir prescrit aux maîtres de donner des aliments à leurs esclaves, et l'art. 25 des vêtements.

L'art. 27 défend d'abandonner ceux qui sont infirmes ou malades. Mais aucune sanction n'est établie.

Le Code pénal colonial punit ces faits d'une amende de 41 fr. à 60 fr., et suivant les circonstances de la peine d'emprisonnement pendant six jours au plus. (*Voy.* Ord. des 12, 19 et 29 octobre 1828.)

Ici encore la loi actuelle change la contravention en délit par l'élévation de la peine en cas de récidive, qui pourra aller jusqu'à un mois d'emprisonnement, et transporte la connaissance du fait au tribunal correctionnel plus éloigné des influences locales.

ARTICLE 9.

Tout maître qui aura infligé à son esclave un traitement illégal, ou qui aura exercé ou fait exercer sur lui des sévices, violences ou voies de fait, en dehors des limites du pouvoir disciplinaire, sera puni d'un emprisonnement de seize jours à deux ans, et d'une amende de cent un fr. à trois cents francs, ou de l'une de ces deux peines seulement.

S'il y a eu préméditation ou guet-apens, la peine sera de deux ans à cinq ans, et l'amende de deux cents francs à mille francs.

ARTICLE 10.

S'il est résulté des faits prévus par l'article précédent, la mort, ou une maladie emportant incapacité de travail personnel pendant plus de vingt jours, la peine sera appliquée dans chaque colonie, conformément au Code pénal colonial.

Voici les courtes mais suffisantes explications données par M. Mérilhou sur ces deux articles :

« Le législateur ayant cru devoir intervenir dans la fixation de la nature et de la durée des peines que les maîtres peuvent infliger à leurs esclaves, des dispositions répressives nous ont paru nécessaires, contre ceux qui dépasseraient ces limites, ou bien qui infligeraient une peine d'une nature non autorisée. L'art. 26 du Code noir ordonne de poursuivre d'office *les traitements barbares et inhumains des maîtres* envers leurs esclaves ; mais ne prescrit aucune peine : Nous vous proposons de combler cette lacune; sans cela, les dispositions si importantes sur la nature des châtiments autorisés resteraient sans sanction, et les prohibitions qui en sont la conséquence, demeureraient frappées d'impuissance.

Les peines que nous vous proposons de prononcer, sont fondées sur ce principe que le mal infligé à l'esclave, hors de l'autorisation de la loi, est un délit punissable par la justice correctionnelle ou criminelle, suivant les cas. » (Rapp., *Mon.* du 17 juillet 1844.)

Le Code pénal colonial auquel se réfère l'art. 10, contient pour les cas indiqués les mêmes pénalités que le Code pénal de la métropole, excepté pour l'amende qui est toujours plus élevée dans les colonies en raison sans doute de la différence dans la valeur de l'argent. (*V*. p. 33.)

ARTICLE 11.

Sera puni des peines de simple police toute infraction aux ordonnances royales ou aux décrets coloniaux qui seront rendus en vertu de la présente loi, et à toutes autres ordonnances concernant le patronage et le recensement, toutes les fois que ladite infraction ne sera pas punie de peines plus graves par des dispositions spéciales.

ARTICLE 12.

En cas de récidive pour des faits qui ne sont pas l'objet de dispositions particulières, les infractions à la présente loi seront punies dans chaque colonie, suivant les règles du Code pénal colonial.

Les ordonnances rendues par le gouvernement sur le régime disciplinaire des ateliers, le patronage et le recensement ne sont pourvues d'aucune sanction pénale. La loi actuelle comble cette lacune en punissant les contrevenants des peines de simple police.

Elle réprime de même les infractions aux décrets coloniaux et aux ordonnances royales rendues en vertu de ses dispositions, et renferme ainsi dans une sanction générale tous les cas non spécialement prévus.

L'idée de classer ces sortes d'infractions dans les contraventions de police, a dû être empruntée à l'art. 471 du Code pénal modifié par la loi du 28 avril 1832, dont le paragraphe 15 punit d'amende, depuis un fr. jusqu'à cinq francs, et d'emprisonnement, en cas de récidive, ceux qui auront violé les règlements de l'autorité administrative et les arrêtés municipaux. L'expérience a démontré l'efficacité de cette mesure, qu'on a eu raison d'étendre à des cas analogues.

ARTICLE 13.

L'article 463 du Code pénal concernant les circonstances atténuantes, sera applicable aux faits prévus par la présente loi.

L'ancien art. 463 du Code pénal métropolitain est reproduit par le Code pénal des colonies. Il leur a même été déclaré applicable avec ses dispositions nouvelles sur les circonstances atténuantes par la loi du 22 juin 1835. Mais ceci n'aurait pas suffi pour qu'il fût également applicable à des faits nouveaux. La loi actuelle devait donc en contenir la déclaration expresse. Il y a même eu sagesse à le faire, car c'est surtout ici qu'il ne faillait pas enchaîner le juge à une inflexible rigueur.

ARTICLE 14.

Lorsque les Cours d'assises seront appelées à statuer sur des crimes commis par les personnes non libres, ou ceux commis par les maîtres sur leurs esclaves, elles seront composées de quatre conseillers à la Cour royale et de trois assesseurs.

Les Cours d'assises dans les colonies sont composées de trois conseillers et quatre assesseurs.

Les assesseurs sont nommés par le Roi sur une liste de 60 membres pour les trois grandes colonies de Bourbon, la Martinique et la Guadeloupe, et de 30 pour la Guyane. Cette liste, renouvelée tous les trois ans par le gouverneur, est composée des éligibles au conseil colonial (voy. p. 10, les conditions d'éligibilité), des membres des ordres royaux et autres habitants notables. Le collége étant formé, les assesseurs pour chaque assise sont tirés au sort avec droit de récusation pour le ministère public et les accusés.

Les membres de la Cour royale et les assesseurs prononcent en commun; sur la position des questions, sur toutes les questions posées, et sur l'application de la peine. Les membres de la Cour royale connaissent exclusivement des incidents de droit et de procédure qui s'élèveraient avant l'ouverture et pendant le cours des débats. Telles sont les dispositions des ordonnances des 30 septembre 1827, 24 sept. et 21 décembre 1828, qui contiennent l'organisation judiciaire des quatre colonies.

Comme on le voit, les assesseurs diffèrent du jury et par l'origine et par la fonction. Mais leur participation dans une certaine mesure à l'administration de la justice criminelle, peut être d'un grand secours aux magistrats pour l'appréciation de faits accomplis dans le sein d'une société particulière et exceptionnelle.

Notre article compose la Cour d'assises de *quatre conseillers et de trois assesseurs*, quand il s'agit de juger les crimes des personnes non libres et ceux des maîtres envers leurs esclaves.

Cette modification a été combattue à la chambre des Pairs par M. le président Boulet, comme constituant en quelque sorte un tribunal d'exception. Mais M. le rapporteur l'a fait maintenir et l'a ainsi justifiée.

« La première condition pour que la justice soit bonne, qu'elle imprime le respect et aussi la crainte qu'elle doit inspirer, c'est qu'on ait confiance en elle, c'est-à-dire que tout le monde soit convaincu de l'impartialité de ses décisions. Je suis loin d'admettre, et la commission l'a déclaré formellement dans son rapport, toutes les allégations qui se sont produites dans différentes circonstances au sujet de tel ou tel jugement prononcé par les Cours d'assises coloniales. Nous croyons qu'on a beaucoup exagéré la gravité des faits; nous croyons qu'il est bien difficile de venir sur la foi des journaux, critiquer des décisions que des magistrats ont rendues en présence de Dieu et de leur conscience. Ce système de révision par la voie des journaux serait fort dangereux, et il est difficile de croire qu'aucun jugement, même émané des Cours métropolitaines, pût résister à une attaque de ce genre.

Ainsi, nous n'entendons en aucune façon accepter comme véritables ni vraisemblables, toutes les imputations dirigées contre la justice criminelle de nos colonies.

On dira peut-être : Mais si vous croyez que tout est bien dans la justice coloniale, pourquoi proposez-vous un changement dans la proportion entre les assesseurs et les magistrats? Nous proposons ce changement parce qu'il faut, non-seulement que la justice soit impartiale, mais il faut encore qu'on ait l'opinion de son impartialité.

C'est pour donner une opinion plus complète de l'impartialité qui doit caractériser les magistrats coloniaux, comme les magistrats métropolitains, que nous vous proposons de changer la proportion des assesseurs et des magistrats.

Autant nous aurions été opposés à l'expulsion complète des assesseurs des Cours d'assises coloniales, autant nous croyons que le changement de proportion peut avoir d'influence.

Nous sommes convaincus que l'introduction d'un conseiller de plus et le retranchement d'un assesseur, ne changeront rien aux décisions rendues par les magistrats sur la foi de leur serment, et d'après l'instruction qui aura eu lieu dans les formes voulues, mais nous pensons que ce changement de proportion donnera d'une manière plus universelle, plus complète, plus absolue, la pensée que la décision rendue sera le résultat de la conviction libre, indépendante, impartiale de la Cour, plutôt que le résultat d'influences auxquelles les magistrats ne doivent jamais obéir. » (*Mon.* du 13 avril.)

ARTICLE 15.

Le nombre des juges de paix pourra être porté :

A huit pour la Martinique ;

A dix pour la Guadeloupe et dépendances ;

A six pour la Guyane française ;

A huit pour Bourbon et dépendances ;

La fixation des territoires formant le ressort de ces juges de paix sera faite par ordonnance du Roi.

Il y a maintenant quatre justices de paix à la Martinique, six à la Guadeloupe et à Bourbon, et trois à la Guyane Française.

L'ordonnance du 16 septembre 1841, sur l'organisation du pouvoir disciplinaire qui oblige le maître à recourir au juge de paix pour faire détenir l'esclave au delà de quinze jours, a rendu le service déjà plus lourd ; la loi actuelle le rendrait peut-être impossible par le surcroît d'attributions qu'elle contient. Le gouvernement donc pourra y pourvoir dans la mesure que la loi indique.

ARTICLE 16.

Tout individu âgé de moins de soixante ans, qui ne justifiera pas, devant l'autorité administrative, de moyens suffisants d'existence, ou bien d'un engagement de travail avec un propriétaire ou chef d'entreprise industrielle, ou bien de son état de domesticité, sera tenu de travailler dans un atelier colonial qui lui sera indiqué.

En cas de refus de déférer à cette injonction, il pourra être déclaré vagabond, et puni comme tel, dans chaque colonie, suivant les lois qui y sont en vigueur.

Une ordonnance royale pourvoira à l'organisation desdits ateliers, et aux autres mesures nécessaires pour l'exécution du présent article.

M. Mérilhou a expliqué ainsi les motifs et la portée de cette disposition nouvelle sur le vagabondage.

« L'article que votre commission a l'honneur de vous soumettre contient une innovation dont la chambre appréciera l'importance et la gravité ; il s'agit de former à des habitudes laborieuses cette partie de la population coloniale, de toute couleur et de toute origine, que la facilité de pourvoir aux premiers besoins de la vie attire dans nos colonies, ou que des affranchissements nombreux ont jetée sans moyens d'existence dans la société civile. Ce n'est pas une loi d'exception contre une classe, car toutes les classes d'habitants seront assujetties aux mesures que nous vous proposons; c'est le principe de la loi de la Métropole sur le vagabondage, loi qui figure dans les Codes coloniaux depuis 1827, et dont l'insuffisance aux colonies est démontrée par l'expérience, et réclame des dispositions additionnelles qui en assurent l'efficacité.

Les habitudes oisives conduisent d'abord au vice, et puis au crime, les individus qui n'ont ni moyens suffisants d'existence, ni métier ou profession. Quelle que soit l'origine de ces individus, la société a le droit de chercher contre eux des précautions pour assurer la sécurité de tous.

Les Codes coloniaux actuels, promulgués en 1827, 28, 29, déclarent, article 269 : *Le vagabondage est un délit ;* article 270 : *Les vagabonds et gens sans aveu sont ceux qui n'ont ni domicile certain, ni moyens de subsistance, et qui n'exercent habituellement ni métier ni profession.* L'article 271 prononce pour ce fait *un emprisonnement de trois à six mois.*

Le gouvernement a sans doute été frappé de l'insuffisance de ces dispositions, puisqu'il a demandé, dans ses communications avec la commission, à être autorisé à statuer par ordonnance *sur les mesures spéciales à prendre pour prévenir ou réprimer le vagabondage.*

La constatation de ce besoin pressant de nos colonies a vivement préoccupé votre commission ; mais elle a pensé que dès qu'il s'agissait de statuer sur des personnes libres, soit en leur imposant des obligations, soit en les soumettant à des peines, il était d'une nécessité constitutionnelle que la puissance législative intervînt pour poser les principes, et ne laissât à l'ordonnance que le soin de réglementer les détails d'exécution.

Sans rechercher si la définition légale du vagabondage que nous avons rappelée pourrait s'appliquer aux individus qui, *ayant un domicile certain*, manqueraient seulement d'un métier et de moyens d'existence, il est évident que cette disposition ne saurait s'appliquer simultanément à des masses nombreuses d'individus; ils échappent à la répression par leur multitude même, et plus le mal est grand, plus le remède est insuffisant.

Nous proposons un simple changement aux lois existantes : avant d'appliquer aux individus oisifs, mais domiciliés, les peines du vagabondage, on les mettrait en demeure de se livrer au travail dans des ateliers organisés à cet effet par des ordonnances royales. De plus, votre commission a pensé que, pour dissiper tous les doutes, il était bon qu'en cas de refus, les individus, MÊME DOMICILIÉS, fussent considérés comme vagabonds et punis comme tels.

Ici on peut se demander si la loi peut contraindre au travail un individu libre.

Poser la question, c'est la résoudre. Votre commission n'hésite pas à déclarer que, dans son opinion, la société a le droit d'exiger de tout individu qui vit dans son sein la justification de ses moyens d'existence.

Ce n'est pas le défaut de domicile certain qui rend les vagabonds dangereux, c'est l'absence de travail et de moyens d'existence qui constitue le mal véritable contre lequel la société a le droit de se prémunir.

Ces principes ne sont pas particuliers aux colonies : c'est par ces motifs qu'on exige des individus suspects une caution de bonne conduite, dans les pays où la liberté est le plus en honneur : nos lois sur le vagabondage, faites pour la métropole, supposent dans le législateur, non-seulement le droit de *contraindre* l'homme libre au travail, mais, ce qui est plus encore, le droit de le punir s'il ne travaille pas ou ne prouve pas qu'il n'a pas besoin de travailler. Enfin les lois d'Haïti permettent à l'autorité de prescrire des mesures pour forcer au travail les hommes libres qui constituent la population de cette république.

Si l'on reconnaît, avec la commission, le droit du législateur de prescrire le travail à celui qui n'a pas la fortune nécessaire pour s'en passer, l'application aux récalcitrants des lois sur le vagabondage ne saurait être contestée.

Quant à l'organisation des ateliers, il y sera pourvu par des ordonnances. » (Rapp. suppl., *Mon.* du 6 mars 1845.)

La loi rendue le lendemain de celle-ci et dont nous publions le texte, a déjà pourvu aux dépenses que nécessitera la formation de l'atelier, en ouvrant pour cet objet au ministre de la marine un crédit de 360,000 fr. (*Voy.* l'art. 1er de cette loi, p. 44.)

Notre article ne dit pas combien de temps durera l'obligation de travailler dans l'atelier colonial, mais il va de soi, que cette obligation devra cesser avec la cause qui y aura donné lieu.

Du reste, la disposition sur la preuve *de moyens d'existence suffisants*, imposée à toute personne, aux cas indiqués, ne doit pas être interprétée rigoureusement. Il résulte des explications échangées à la chambre des Députés, entre M. de Gasparin et M. le ministre de la marine, qu'il suffirait *de ne pas mendier*, pour échapper à la pénalité, et que les dispositions de l'ordonnance à intervenir seraient de nature à ne pas inquiéter la classe libre actuelle. « Il est évident, a dit M. le ministre, que les hommes libres des colonies, quelle que soit leur condition, leur couleur, sont libres comme l'air et peuvent aller partout où il leur convient. (*Mon.* du 5 juin.)

Enfin, celui qui, encore dans l'âge de la force, manque de moyens d'existence et refuse le travail offert, est déjà blâmable; et cependant il ne sera pas *nécessairement* déclaré *vagabond*, mais il pourra être déclaré tel. Disposition facultative qui permet l'appréciation libre du juge : précaution sage à côté d'une prescription utile, mais qu'il faut se garder de rendre rigoureuse. En effet, cette mesure de police n'est pas nouvelle, on la trouve dans la législation de *Solon*; mais si Solon la faisait exécuter sévèrement, c'est qu'il avait rendu la pauvreté inexcusable, en faisant le partage égal des biens entre tous ses concitoyens.

ARTICLE 17.

Les conseils coloniaux ou leurs délégués seront préalablement consultés sur les ordonnances royales à rendre en exécution de la présente loi.

Nous avons rapporté, p. 10 et 11, les principales dispositions organiques *du conseil colonial*, contenues dans la loi du 24 avril 1833. Il a reçu par cette même loi, entre autres attributions, celle de nommer les *délégués* des colonies près le gouvernement du Roi.

Les trois grandes colonies de Bourbon, de la Guadeloupe et de la Martinique en ont deux, la Guyane en a un.

Peut être choisi pour délégué tout Français âgé de 30 ans et jouissant des droits civils et politiques. Les délégués réunis en conseil, sont chargés de donner au gouvernement du Roi les renseignements relatifs aux intérêts généraux des colonies, et de suivre auprès de lui l'effet des délibérations et des vœux des conseils généraux. La durée de leurs fonctions est égale à la durée des fonctions du conseil colonial (*cinq ans, sauf le droit de dissolution appartenant au gouverneur*). Toutefois, ils ne cessent de les remplir que lorsqu'ils ont été remplacés. Ils ont un traitement fixé par le conseil. (Art. 19.)

Lors de la discussion de cette loi de 1833, les colonies ont beaucoup insisté pour obtenir que leurs délégués fussent entendus dans les chambres législatives, toutes les fois qu'il s'agirait de faire *des lois* coloniales. On leur a répondu que le concours des délégués serait une atteinte à l'indépendance du pouvoir législatif, motif peu solide pour justifier une aussi rigoureuse exclusion. Mais le conseil colonial a su trouver une garantie plus générale et plus complète. Usant de la liberté du choix qui lui appartient, il choisit un délégué parmi les membres de la chambre représentative.

La loi actuelle associe les colonies elles-mêmes au but qu'elle se propose, d'aborder, en déléguant aux conseils coloniaux le pouvoir de décréter des mesures importantes comme nous l'avons vu aux art. 1, 2, 3 et 5 qui précèdent, et ensuite en les appelant par notre article, eux ou leurs délégués, à donner leurs avis dans toutes les mesures d'exécution qui seront prises par le pouvoir royal. C'est là une disposition dont il faut louer la sagesse; elle rend les innovations moins périlleuses, et est en même temps pour les colons un juste témoignage d'estime et de confiance.

ARTICLE 18.

La présente loi ne s'applique qu'aux colonies de la Guadeloupe, de la Martinique, de la Guyane et de Bourbon, et à leurs dépendances.

Deux paragraphes additionnels ont été proposés à la chambre des Députés. L'un par M. de Gasparin, ainsi conçu : « *Il sera procédé par des lois séparées à l'abolition de l'esclavage dans les autres colonies de la France.* »

L'autre par M. Roger (du Loiret), portant :

« *Elle* (la présente loi) *s'appliquera également au Sénégal.*

« *Des règlements spéciaux seront faits par ordonnances royales, pour l'exécution de la loi dans cette colonie.* »

M. de Gasparin a retiré son amendement en déclarant qu'il le réduisait à une recommandation à M. le ministre de la marine.

M. Roger a également retiré le sien et a expliqué ainsi ses motifs.

« La juste impatience que montre la chambre pour terminer une discussion qui dure depuis plusieurs jours, et la certitude que pour un objet comme celui que contient mon amendement, on ne consentirait pas à faire de modification à la loi, me détermine à retirer ma proposition.

« J'espère qu'elle n'aurait pas été contestée au fond par le gouvernement; sans cela, je me verrais dans la nécessité d'entrer dans plus de développement. Mais, loin de-là, M. le ministre de la marine a bien voulu me donner l'espérance qu'il pourrait faire par ordonnance ce qu'il ne nous est plus possible aujourd'hui de faire par la loi. J'attendrai donc l'ordonnance qui doit intervenir; et à la session prochaine, si elle n'est pas rendue, je me croirai dans l'obligation de présenter un projet de loi. » (*Mon.* du 5 juin.)

ARTICLE 19.

La loi du 24 avril 1833, ainsi que les lois et ordonnances qui règlent l'administration de la justice aux colonies susmentionnées et à leurs dépendances, continueront d'être exécutées dans toutes les dispositions auxquelles il n'est pas dérogé par la présente loi.

Dans une matière aussi spéciale, nous ne créerons pas des hypothèses pour les juger.

C'est lorsque les cas d'application se présenteront, que les questions de dérogation ou d'abrogation pourront être convenablement traitées. Mais nous en aurons rendu la solution plus facile, si nous avons été assez heureux pour éclairer par nos observations les parties obscures de la loi.

LOI DU 19 JUILLET-3 AOUT 1845

QUI OUVRE UN CRÉDIT DE 930,000 FRANCS,

POUR SUBVENIR

A L'INTRODUCTION DE CULTIVATEURS EUROPÉENS

DANS LES COLONIES,

A LA FORMATION D'ÉTABLISSEMENTS AGRICOLES, ETC.

ARTICLE PREMIER.

Sont ouverts au ministre de la marine et des colonies les crédits suivants :

Pour l'introduction d'ouvriers et cultivateurs européens aux colonies.	120,000 f.
Pour la formation, par voie de travail libre et salarié, d'établissements agricoles, servant d'ateliers de travail et d'ateliers de discipline. . .	360,000
Pour l'évaluation de propriétés mobilières et immobilières à la Guyane française.	50,000
Pour concourir au rachat des esclaves, lorsque l'administration le jugera nécessaire, et suivant les formes déterminées par ordonnance royale à intervenir.	400,000
TOTAL. . . .	930,000

ARTICLE 2.

Il sera pourvu à cette dépense au moyen des ressources des exercices 1845 et 1846, savoir :

Exercice 1845. . . . . 300,000 f.
Exercice 1846. 630,000

Les fonds affectés à chacun de ces deux exercices seront répartis proportionnellement entre les divers crédits ouverts par l'article 1er.

Les fonds non consommés pendant l'exercice 1845, pourront être reportés, par ordonnance royale, sur l'exercice suivant.

ARTICLE 3.

Il sera rendu compte annuellement aux chambres de l'emploi des crédits votés et des effets de l'exécution de la présente loi.

ARTICLE 4.

A l'avenir, le gouvernement devra également rendre compte de la subvention annuelle affectée à l'instruction religieuse et élémentaire des esclaves par la loi du 25 juin 1839.

PROJET

PRÉSENTÉ A LA CHAMBRE DES DÉPUTÉS,

LE 22 AVRIL 1845,

PAR M. LE MINISTRE DE LA MARINE.

(*Moniteur du* 23.)

ARTICLE PREMIER.

Un crédit de 600,000 fr. est ouvert au ministre de la marine et des colonies, pour subvenir :

1° A l'introduction de cultivateurs européens dans les colonies ;

2° A la formation d'établissements agricoles par voie de travail libre et salarié.

ARTICLE 2.

Il sera pourvu à cette dépense au moyen des ressources des exercices de 1845 et 1846, savoir :

Exercice 1845. . . . . . 200,000 f.
Exercice 1846. 400,000

Les fonds non consommés pendant l'exercice 1845 pourront être reportés, par ordonnance royale, sur l'exercice suivant.

« Messieurs, a dit M. le ministre, l'avenir de nos colonies exige que la sollicitude du gouvernement se porte tout à la fois et avec un égal intérêt, sur les deux classes de leur population. Nous avons un double devoir à remplir ; améliorer le sort des personnes non libres et préserver des effets de la réforme sociale qu'il s'agit d'accomplir, la position des propriétaires colons. Le projet de loi sur le régime des colonies, que nous avons présenté récemment à vos délibérations, satisfait au premier de ces besoins. La proposition que nous venons d'après les ordres du Roi, vous soumettre aujourd'hui, sera un pas important dans une voie qui doit conduire au second résultat. Elle contient le germe de mesures nouvelles que nous croyons fécondes en conséquences utiles, pour le travail et pour la culture dans nos colonies.

Nous vous demandons un crédit de 600,000 francs, qui sera consacré à transporter dans ces établissements quelques cultivateurs européens ; à associer à leurs travaux des hommes pris dans la classe des affranchis, et à introduire dans les cultures tropicales les perfectionnements qu'elles peuvent utilement emprunter à la métropole.

Il n'est assurément pas dans notre pensée que les cultivateurs européens puissent, par l'exploitation générale et habituelle du sol dans nos colonies, être substitués à la population africaine ou indigène. Mais si l'expérience a plusieurs fois révélé les difficultés et les dangers d'une colonisation uniquement entreprise sur cette base, elle montre aussi que dans une certaine mesure, pour un certain ordre de travaux, et dans des localités convenables, l'emploi des Européens à l'agriculture coloniale, offre des ressources et des moyens de progrès dont on n'a peut-être pas assez tiré parti jusqu'à ce jour.

Nous nous proposons d'entrer dans cette voie en facilitant, par des concessions de passages, l'introduction aux colonies de quelques travailleurs d'élite, qui seraient appelés par les colons, ou qui s'offriraient volontairement avec les garanties désirables de succès.

Nous espérons, par l'exemple que donneront de tels travailleurs, attirer vers l'agriculture les hommes libres de couleur qui forment déjà une partie assez notable de la population. Il faut, dans l'intérêt de l'avenir, que le travail libre se réhabilite entièrement aux yeux de la population noire ; pour cela, nous devons faire en sorte qu'il cesse d'être la condition exclusive de l'esclavage.

En somme, la réalisation des vues qui ont dicté le projet de loi, nous semble pouvoir être assurée dans chaque colonie par les moyens suivants :

Etablissement d'une exploitation rurale, basée sur le travail libre et rétribué ;

Acquisition des machines et instruments les plus perfectionnés pour la culture des terres ;

Recrutement de quelques cultivateurs européens, soit pour le compte des propriétaires colons qui en feront la demande, soit pour l'exploitation qu'il s'agit de fonder sous la surveillance de l'administration coloniale.

Dans la création d'exploitations agricoles, ce n'est pas un profit profitable sous le rapport financier que nous cherchons. Nous devons cependant nous efforcer de l'obtenir ; car le succès, à ce point de vue, serait une recommandation de plus pour l'adoption des méthodes nouvelles de travail. Rien ne sera donc épargné pour atteindre ce but. Mais nos efforts principaux tendent à former d'habiles chefs de culture ; à faire des essais agricoles auxquels se prêteraient difficilement les formes actuelles du travail colonial ; à aider, par le rapprochement de la classe de couleur et de la classe blanche dans des occupations et une existence communes, à l'extinction des préjugés qui les ont trop longtemps séparées. Dans ces exploitations, tous les modes de salaire, tous les systèmes de travail seront également mis en pratique, afin de reconnaître quels sont ceux qui peuvent avoir le plus d'influence sur la population noire. Nous demanderons ainsi à l'expérience les conditions qui peuvent le mieux assurer la conservation de la production coloniale et l'organisation du travail libre, qui doit être, dans l'avenir, la base du régime agricole et industriel de nos possessions d'outre-mer.

Le crédit qu'il s'agit d'allouer est trop modique pour que vous y voyiez, Messieurs, autre chose que l'intention de faire un essai. Nous vous rendrons compte de ses résultats. S'ils sont satisfaisants comme nous devons l'espérer, le gouvernement et les chambres qui seront mieux fixés sur les éléments de la question, auront à examiner ce qu'il y aurait à faire de plus, et l'on pourra s'occuper alors, sans rien harsarder, de compléter, en la développant, une œuvre que, dès à présent, nous considérons comme une sage mesure de prévoyance.

Nous devons faire remarquer que notre proposition est principalement applicable à nos colonies des Antilles.—La situation particulière de la Guadeloupe et de la Martinique, les avantages que quelques-uns de leurs propriétaires ont déjà retirés de l'introduction de travailleurs européens sur leurs habitations, indiquent que c'es là que doivent être entrepris les premiers essais. Sans exclure du projet la Guyane française et l'île Bourbon, nous devons reconnaître que ces deux colonies se trouvent dans des conditions qui exigent impérieusement un autre mode d'assistance immédiate.

A la Guyane, la population décroît d'une manière sensible, les bras manquent; des propriétés, autrefois exploitées, sont abandonnées ou sont dans un état de ruine presque complet. Cette fâcheuse position devait exciter la sollicitude du gouvernement. Les colons, de leur côté, s'en sont émus. Un projet, fondé sur l'association des propriétaires pour un emploi plus fructueux des forces existantes, qui serait combiné avec un certain mode d'affranchissement et qui se prêterait à une introduction ultérieure d'engagés libres,a été présenté sous les auspices du délégué de la colonie. Le gouvernement examinera très attentivement la suite à donner à ce projet, et le meilleur parti à adopter pour porter remède à l'état des choses et promouvoir le développement agricole de cette vaste possession.

A Bourbon, les naissances ne sont pas non plus en proportion avec les décès, et le mouvement de progrès qui se manifeste depuis quelques années dans les cultures y constate chaque jour l'insuffisance de la population ouvrière; mais sa position géographique met en quelque sorte l'île de Bourbon à portée de se pourvoir des bras qui lui manquent.

Déjà elle a pris l'initiative en 1828, en se procurant à titre d'engagés, un certain nombre d'Indiens dont une partie s'y trouve encore. Plus récemment, des mesures ont été adoptées et des règlements faits pour l'introduction d'un millier de Chinois. Ces immigrations, réalisées par l'intervention de l'administration locale, peuvent être étendues; des instructions ont été données dans ce sens, et le département de la marine ne négligera aucun soin pour assurer à la colonie, par l'intermédiaire de nos agents et par l'assistance de nos bâtiments, le recrutement de travailleurs asiatiques que réclament ses exploitations agricoles.

Telles sont les vues du gouvernement ; nous espérons, Messieurs, que vous vous y associerez ; vous compléterez ainsi la série des mesures qui peuvent, en améliorant le sort de l'esclave, inspirer au maître une juste confiance dans l'avenir. »

La commission nommée pour examiner la résolution de la chambre des Pairs sur le projet de loi concernant le régime des esclaves, fut chargée également de l'examen de ce second projet. Elle y introduisit les notables amendements qui sont devenus le texte définitif. On voit que le crédit est augmenté et qu'à chaque nature de dépense est affecté un crédit spécial.

Une seule addition a été faite par la chambre sur la proposition de M. Dubois, c'est l'article 4, comme garantie nouvelle que l'instruction régulière et élémentaire des esclaves ne sera pas négligée. (*Mon.* du 5 juin.)

M. le vicomte d'Haussonville, rapporteur, après avoir justifié l'allocation destinée à encourager les immigrations de travailleurs européens, et l'institution des ateliers de discipline et agricole, par la nécessité de prévenir la désorganisation du travail, de relever l'agriculture aux yeux de la population nègre, et de réprimer les infractions aux engagements du nouvel affranchi. (*V.* art. 5, loi du 18 juillet 1845), qui s'exprime ainsi sur la Guyane.

« Vous avez remarqué, sans doute, que les dispositions dont nous avons eu l'honneur de vous entretenir jusqu'à présent, ne sont pas applicables à la Guyane. Par son exposé des motifs, le gouvernement a provoqué la sollicitude de la chambre sur cette colonie, placée dans une position exceptionnelle, tant par l'étendue et les ressources de son territoire, que par le chiffre sans cesse décroissant de sa population et l'état précaire de ses cultures.

La commission, en cherchant à se rendre compte des causes de cette situation et des moyens d'y porter remède, a dû prendre connaissance des propositions que les colons eux-mêmes ont soumises dans ce but à M. le ministre de la marine.

Les richesses du sol de la Guyane sont incontestables, et cependant, sur une superficie de 5,400,000 hectares, 11,826 hectares seulement sont en valeur.

La décroissance de la population provient surtout de la disproportion dans les sexes. Cette disproportion, qui se trouve dans toutes les colonies jadis exploitées au moyen de la traite des noirs, n'est nulle part aussi forte qu'à la Guyane. Le nombre d'hommes importés y a toujours de beaucoup dépassé celui des femmes. Aussi à la Guyane, plus que dans toute autre colonie, l'abolition de l'esclavage se complique d'une question de population, et il y faut pourvoir, à la fois, à l'émancipation et au développement de la colonisation.

Les propositions présentées au gouvernement sous les auspices de M. Favard, délégué de la colonie, se rapportent à ce double objet.

Ces propositions, que le gouvernement a mises à l'étude depuis 1840, furent d'abord examinées sommairement par la commission, présidée par M. le duc de Broglie, puis envoyées à une commission spéciale présidée par M. le comte Tascher, et ont donné lieu, dans le sein de cette dernière commission, à une discussion approfondie dont les procès-verbaux ont été publiés.

Le 23 février 1845, la commission spéciale a fait un rapport dont voici la principale conclusion :

« Il ressort de la discussion générale à laquelle la commission s'est livrée, qu'il n'y a pas lieu de désespérer de la Guyane, et que si les fréquentes tentatives dont, à diverses époques, cette colonie a été l'objet, prouvent que son importance a toujours été sentie, le mauvais succès de ces tentatives faites pour la peupler et la cultiver, doit être attribué avant tout à des fautes commises, soit dans l'organisation même de ces tentatives, soit dans la conduite de leur exécution. »

Le conseil de la Guyane adressait, de son côté, au gouvernement, une délibération portant acceptation des bases de l'opération qui devait alors être exécutée par une compagnie de capitalistes avec le concours de l'Etat. Deux membres de cette assemblée, MM. Sauvage et de Saint-Quantin ont fait depuis cette époque avec l'adhésion du délégué de la colonie, une démarche plus significative encore. Ils ont proposé le concours des colons eux-mêmes à l'exécution de l'émancipation par l'apport de leurs propriétés, et par leur intervention directe dans la société; forts de cette conviction qu'ils obtiendraient l'assentiment des autres habitants propriétaires, ils ont demandé à M. le ministre de la marine de les accréditer à cet effet auprès du gouvernement de la colonie, et d'aviser aux moyens d'opérer l'évaluation contradictoire des propriétés.

Des investigations auxquelles la commission s'est livrée, il est résulté ce qui suit :

« On propose qu'il soit formé, par l'initiative des colons propriétaires, et avec le concours de capitalistes de la Métropole, une compagnie ayant pour but d'exécuter à la Guyane : 1° l'émancipation des esclaves; 2° l'organisation du travail libre; 3° la colonisation des terres vacantes.

Le capital de la compagnie se composerait de la somme des valeurs représentant, après estimation contradictoire entre l'Etat et les habitants, le prix des esclaves, ainsi que des plantations et des usines rurales.

L'évaluation préalable des propriétés aurait lieu par un jury.

Au moyen d'une garantie d'intérêt ou d'une subvention équivalente (à débattre), l'Etat assurerait la solidité et le cours régulier des titres de la compagnie.

La compagnie bornerait ses opérations à la culture, à la mise en valeur du sol et à la fabrication des denrées d'exportation; aucun privilége de commerce ou de navigation ne lui serait accordé.

La compagnie serait administrée à Paris par un conseil d'administration nommé par les actionnaires ; à la Guyane, par des délégués du conseil d'administration.

Moyennant le concours financier qui lui serait accordé par l'Etat, et *qui serait ainsi substitué au paiement effectif d'une indemnité,* la compagnie se chargerait d'exécuter immédiatement l'émancipation des esclaves, et d'appliquer un règlement de travail convenu.

avec l'Etat, et réalisant toutes ses intentions, quant à l'abolition de l'esclavage.»

Les principes généraux de cette vaste opération résultent, soit des mémoires adressés au gouvernement, et communiqués à la commission, soit des explications verbales qui nous ont été fournies.

Votre commission n'a pas à les apprécier pour le moment. Elle y a vu seulement le germe d'une expérience intéressante, d'où il peut sortir en peu de temps une exécution complète de l'émancipation et le développement d'une colonie dont la situation est loin d'être prospère, et qui présente cependant les plus belles ressources.

Le concours volontaire des planteurs ferait disparaître l'obstacle le plus sérieux, et la difficulté la plus considérable que puisse rencontrer l'abolition de l'esclavage.

Accomplie comme une opération industrielle, au moyen d'une combinaison que les circonstances locales semblent justifier pleinement, cette entreprise serait une heureuse expérience de l'application du travail libre dans nos colonies.

Il entrait donc dans l'esprit des travaux de votre commission, d'approfondir les indications que le gouvernement avait données sur cette affaire dans l'exposé des motifs de la loi. Assurément qu'il s'agit d'une œuvre sérieuse, suffisamment étudiée pour un commencement d'exécution, et dont les éléments présentent de la consistance; la commission crut devoir conseiller au gouvernement de donner suite aux bonnes dispositions qui lui ont été témoignées par les colons et par les capitalistes, et d'aider de plus en plus à la réalisation d'une entreprise dont les bases devront être soumises ultérieurement à la sanction des chambres.

Quel que soit le mode de subvention qui pourrait être consacré par les chambres, le jour où la compagnie des colons de la Guyane serait régulièrement constituée, et ses propositions de se charger de l'émancipation à ses périls et risques, définitivement acceptées, une opération préliminaire est indispensable, c'est l'évaluation à faire par l'Etat de toutes les valeurs mobilières et immobilières de la colonie. Cette opération n'engage pas le gouvernement; elle le met seulement en mesure de se rendre un compte plus exact de la nature et de la portée du concours qu'on lui demande. Nous avons, d'accord avec M. le ministre de la marine, l'honneur de vous proposer d'accorder, à cet effet, 50,000 fr.»

M. le rapporteur fait ensuite connaître les motifs qui ont déterminé la commission à consacrer la plus forte somme du crédit au rachat des esclaves.

« Les membres de votre commission, après avoir parcouru les questions si nombreuses que les deux projets de loi leur ont imposé l'obligation d'examiner, se sont, à l'exception d'un seul, rencontrés, au terme de leurs travaux, dans un sentiment commun que je suis chargé de vous exprimer, et qui sera, nous n'en doutons pas, partagé par la chambre. Nous savions que plusieurs membres de la chambre des pairs avaient songé à proposer un amendement qui aurait donné au gouvernement les crédits nécessaires pour parfaire le pécule des esclaves quand il ne leur aurait manqué qu'une faible somme pour arriver au taux de leur rachat; cet amendement n'a pas été produit, parce que des scrupules se sont élevés sur le droit que pouvait avoir la chambre des pairs de proposer une dépense sur laquelle la chambre des députés n'aurait pas délibéré la première. Nous nous sommes félicités de pouvoir prendre régulièrement cette initiative, et nous nous sommes décidés à vous demander de voter à cet effet un crédit de 400,000 fr.

Notre résolution arrêtée, nous nous sommes préoccupés du meilleur emploi à donner à ce crédit. Un premier mode se présentait ; il aurait été possible de fixer par la loi, ou de laisser à l'ordonnance royale le soin de fixer dans quelle proportion l'Etat entendait venir en aide aux esclaves qui n'auraient pu se racheter entièrement à leurs propres frais. Ce mode aurait eu l'inconvénient d'engager le trésor dans des dépenses dont le montant ne pouvait être évalué à l'avance ; il aurait créé pour les esclaves un droit sur la nature et la portée duquel, ils auraient pu se méprendre ; il aurait pu enfin donner lieu à des abus dont les dangers nous ont à l'instant frappés. Nous l'avons donc écarté. Nous avons préféré nous en remettre au gouvernement de l'emploi de ces crédits. Toutefois, nous avons cru devoir appeler l'attention de M. le ministre de la marine et des colonies sur certains cas où l'emploi de ces crédits pourrait aider utilement à l'application de la première loi qu'il nous a présentée.

Nous lui en avons indiqué quelques-uns.

Ainsi, dans les circonstances prévues par le dernier paragraphe de l'art. 1er, pour les cas de mariage entre les personnes non libres appartenant à des maîtres différents, lorsque ces maîtres s'opposent aux mariages et qu'il s'agit de réunir sur une même habitation, soit le mari à la femme, soit la femme au mari, la difficulté dont la loi renvoie la sanction au décret colonial, ne laisse pas que d'être assez embarrassante. On comprend, en effet, que l'on puisse, à la rigueur, obliger un maître à vendre son esclave, mais comment le contraindre à en acheter un autre ? Le crédit que nous vous proposons d'allouer sera, entre les mains de l'administration, un moyen efficace qui fera le plus souvent céder la résistance des maîtres, quand cette résistance n'aura pas été fondée sur des motifs sérieux. Dans tous les cas, une des dispositions les plus essentielles de la loi, ne court plus risque d'être entravée dans son exécution.

L'article 5 qui donne aux personnes non libres le droit de racheter leur liberté à prix débattus avec leurs anciens maîtres, leur donne aussi celui de racheter la liberté de leurs pères ou mères, de leurs conjoints et de leurs descendants légitimes ou naturels. La situation de l'affranchi qui aura pu se racheter lui-même par ses économies, produit accumulé d'un rude travail, mais qui n'aura pu racheter en même temps ni sa femme, ni ses enfants, ni ses vieux parents, n'est-ce pas là une situation digne d'intérêt, et que sous tous les rapports non-seulement par humanité, mais par prudence, l'administration devra souhaiter de faire cesser le plus tôt possible ?

Enfin, dans les cas de mauvais traitements infligés par les maîtres à leurs esclaves, chaque fois que les tribunaux auront appliqué les peines prononcées par le second paragraphe de l'art. 8, et les art. 9 et 10 de la loi, n'y aurait-il pas un avantage évident, à ce que l'administration fût en mesure de racheter l'esclave ? Cette faculté comminatoire, à l'égard des mauvais maîtres, n'est-elle pas une bonne arme à remettre entre ses mains ?

Nous ne pousserons pas plus loin cet examen ; nous nous bornerons à répéter que nous nous en remettons au gouvernement du bon usage à faire de ce crédit. Mais il en sera, il faut le dire, de cette disposition comme de toutes celles des deux lois dont nous avons été saisis. Elles vaudront ce que vaudra leur exécution. M. le ministre de la marine, en acceptant des chambres, des pouvoirs aussi étendus, s'impose une tâche difficile. Non-seulement c'est à lui qu'il appartient de rédiger les ordonnances qui doivent combler les lacunes inévitables de la loi, mais c'est par lui que seront choisis, c'est de son esprit que s'inspireront les agents qui seront chargés de mettre à exécution et la loi et les ordonnances. » (*Mon.* du 28 mai.)

Après une très courte discussion sur l'addition de l'article 4, le projet a été adopté à la majorité de 215 voix contre 20. (Séance du 5 juin, *Mon.* du 6.)

A la chambre des Pairs, M. de Gabriac, rapporteur, a proposé l'adoption pure et simple des résolutions de la chambre des députés. (*Mon.* du 5 juillet.) Le projet a, en effet, été adopté sans amendement dans le cours de la séance du 8 juillet, à la majorité de 74 voix contre 27. (*Mon.* du 9.)

FIN.

Imprimerie de Cosse et J. Dumaine, rue Christine, 2.